박시백의 조선왕조실록

4

세종·문종실록

일러두기

2024 어진 에디션은 정사 《조선왕조실록》을 바탕으로 한 이 책의 특징을 드러내고자
어진과 공신화에서 모티브를 얻어 박시백 화백이 새롭게 표지화를 그렸다. (표지화 인물: 세종)

박시백의
조선왕조실록

The Veritable Records of　　4　　The Veritable Records of
the Joseon Dynasty　　　　　　　King Sejong and Munjong

세종·문종실록

Humanist

머리말

　　　　외환위기가 한창이던 때였다. 어쩌다가 사극을 재미있게 보게 되었는데 역사와 관련한 지식이 너무도 부족한 자신을 발견하게 되었다. 그도 그럴 것이 젊은 날에 본 역사서는 근현대사가 대부분이었고, 조선사에 대한 지식이라고는 중·고교 시절에 학교에서 배운 단편적인 것들이 거의 전부였다. 당시 나는 신문사에서 시사만화를 그리고 있었다. 다행히 신문사에는 조그만 도서실이 있었는데, 틈틈이 그곳에서 난생처음 조선사에 대한 여러 책을 접할 수 있었다.

　　　　조선사, 특히 정치사는 흥미진진했다. 거기에는 우리에게 익숙한 수많은 역사적 인물의 신념과 투쟁, 실패와 성공의 이야기가 있었고,《삼국지》나《초한지》등에서 만나는 극적인 드라마와 무릎을 치게 하는 탁월한 처세가 있었다. 만화로 그리면 재미있겠다는 생각이 들었다. 몇 권 더 구해 읽다 보니 한 가지 궁금증이 생겼다. 어디까지가 정사에 기록된 것이고 어느 부분이 야사에 소개된 이야기인지가 모호했다. 이 대목에서 결심이 섰던 것 같다. 조선 정치사를 만화로 그리자, 그것도 철저히《실록》에 기록된 정사를 바탕으로 그리자.

　　　　곧이어 다니던 신문사를 그만두고《국역 조선왕조실록 CD-ROM》을 구입했다. 돌이켜보면 참 무모한 결심이었다. 특정한 출판사와 계약한 것도 아니고,《실록》의 한 쪽도 직접 본 적 없는 상태에서 작업에 전념한다는 미명 아래 회사부터 그만두었으니. 내 구상만 듣고 아무 대책 없는 결정에 동의해준 아내에게도 뭔가가 씌웠던 모양이다. 궁궐을 찾아 사진을 찍고 화보자료를 찾아 헌책방을 기웃거렸다. 1권에 해당하는 부분을 공부한 뒤 콘티를 짜기 시작했다. 동네를 산책하면서도 머릿속에서는 항상 그 시대의 인물들이 이야기를 주고받고 다투곤 했다. 어쩌다 어떤 인물의 행동이 새롭게 이해되기라도 하면 뛸 듯이 기뻤다.

마침내 펜선을 입히면서 수십 장이 쌓인 뒤 처음부터 읽어보면 이게 아닌데 싶어 폐기하기를 서너 번, 그러다 보니 어느새 1년이 후딱 지나가버렸다. 아무런 결과물도 없이 1년이 흘렀다고 생각하니 슬슬 걱정이 차오르기 시작했다. 이러다간 안 되겠다 싶어 100여 장의 견본을 만들어 무작정 출판사를 찾아가기로 했다. 그렇게 견본을 만든 후 몇 군데에서의 퇴짜는 각오하고 출판사를 찾아가려던 차에 동료 시사만화가의 소개로 휴머니스트를 만나게 되었고, 덕분에 다른 출판사들을 찾아가지는 않아도 되었다.

이 만화를 그리며 염두에 둔 나름의 원칙이 있다면 이랬다.
첫째, 정치사를 위주로 하면서 주요 사건과 해당 사건에 관련된 핵심 인물들의 생각과 처신을 중심으로 그린다.
둘째, 《실록》의 기록을 바탕으로 하면서 학계의 최근 연구 성과를 적극 고려하고 필자 스스로도 적극적으로 해석에 개입한다.
셋째, 성인 독자들을 주된 대상으로 삼되, 청소년들과 역사에 관심이 남다른 어린이들이 보아도 무방하게 그린다.

흔쾌히 출판을 결정해준 휴머니스트 김학원 대표와 책이 나오는 데 애써준 휴머니스트 식구들에게 감사드린다. 그리고 언제나 곁에서 응원해주고 적절히 비판해주는 아내와 사랑하는 두 딸! 고맙다.

2003년 6월

세계기록유산은 모두의 것이며,
모두를 위해 온전히 보존되고 보호되어야 하며,
문화적 관습과 실용성을 충분히 인식하여
모든 사람이 장애 없이 영구적으로 접근할 수 있어야 합니다.

The world's documentary heritage belongs to all,
should be fully preserved and protected for all and,
with due recognition of cultural mores and practicalities,
should be permanently accessible to all without hindrance.

—〈유네스코 '세계의 기억' 프로그램의 목표〉중에서

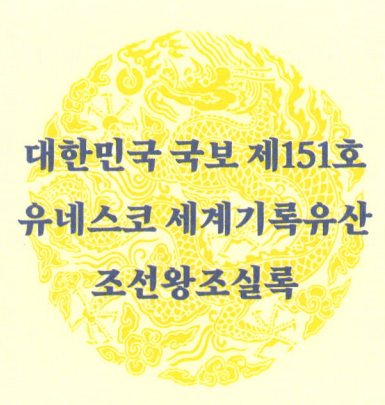

대한민국 국보 제151호
유네스코 세계기록유산
조선왕조실록

진실성과 신빙성을 갖추고
25대 군주, 472년간의 역사를 6,400만 자에 담은
세계에서 가장 장구하고 방대한 세계기록유산.
세계인이 기억해야 할 위대한 유산
《조선왕조실록》의 세계로 초대합니다.

차례

머리말 4
등장인물 소개 10

제1장 **임금 위의 임금**

이중권력 14
계속되는 왕비가의 수난 20
대마도 정벌 31
모두 이루었으나 41

제2장 **태평성대를 꿈꾸며**

새 임금 길들이기 48
홀로 서는 세종 55
세종의 철학 64
새로운 카리스마 70
사대외교의 설움 80

제3장 **백화만발의 시대**

학문의 융성 94
과학기술의 도약 99
두 천재 음악가 106
북방 개척의 시대 1 114
북방 개척의 시대 2 123
세종어제훈민정음 130
세종 시대의 백성 137

─────── 제4장 **명군을 도운 명신들**

황희 정승　146

과학혁명의 주역들　155

북방의 영웅들　160

─────── 제5장 **준비된 임금, 문종**

성군을 위한 준비　170

비극의 서막　174

말년의 세종　183

어린 단종을 남기고　195

작가 후기　202

《세종·문종실록》연표　204

조선과 세계　210

Summary: The Veritable Records of King Sejong and Munjong　211

The Veritable Records of the Joseon Dynasty　212

세계기록유산,《조선왕조실록》　214

도움을 받은 책들　215

등장인물 소개

1권 - 조연
2권 - 공동 주연
3권 - 단독 주연
4권 - 조연
어때, 화려하지?

태종
상왕으로 4년간 있었다.

세종

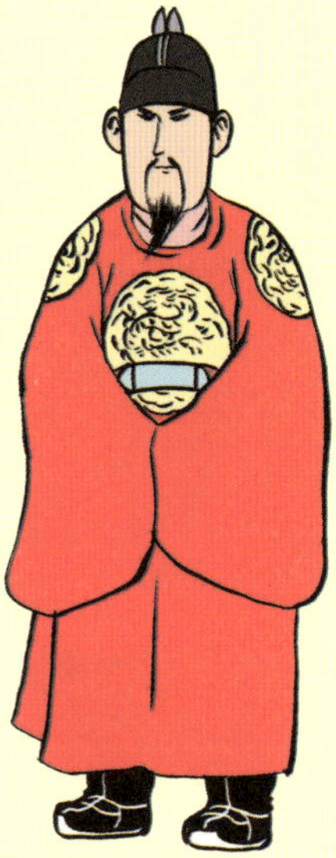

문종
세종의 장자로 오랜 세자 생활 끝에 보위에 올랐으나 2년 3개월 만에 세상을 뜨고 만다.

소헌왕후 심씨
세종의 부인

안평대군
세종의 3남

수양대군
세종의 차남으로 야심가

심온
소헌왕후의 아버지로 세종의 장인. 바로 그 때문에 태종에게 죽임을 당한다.

문종의 세 부인

 **휘빈 김씨**

 **순빈 봉씨**

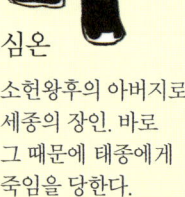 **현덕왕후**

황희
세종의 정치 고문이자 명재상. 24년간 정승 자리에 있었다.

이징옥과 김종서
북방 개척의 두 주역

최윤덕
야인 정벌의 주역

이종무
대마도 정벌의 책임자

팔방미인
정인지

천재 음악가
박연

신의 손
장영실

수학자
이순지

정초

이천

보수주의자
허조

강상인

사신
윤봉

헌릉의 무인석
서울시 서초구 대모산 자락에 자리한 헌릉. 태종과 원경왕후가 묻혀 있다.
무력을 빌려 왕위에 오른 태종답게 호위하는 무인석의 부라린 눈이 사나워 보인다.

제1장

임금 위의 임금

이중권력

계속되는 왕비가의 수난

세종이 즉위하고 열흘 남짓 지난 어느 날.
"이번에 중국으로 갈 사은사는 내가 보위를 물려준 사실을 설명해야 하니, 임무가 실로 막중하다."

"사은사론 무릇 친척을 보내는 것이 상례이니 심온을 보내는 게 좋겠다!"

심온, 세종의 장인으로 심덕부의 다섯째 아들이다.

심덕부는 태조와 위화도회군을 함께했고 개국 후에는 좌의정까지 지낸 인물. 아들들도 모두 높은 벼슬에 이르렀으니 그의 집안은 실로 당대의 명문가라 하겠다.

심온은 그렇게 좋은 가문에 대군(세종)의 장인이라는 배경, 그리고 그 자신의 능력까지 인정받아 40대 초에 이미 이조 판서의 지위에 올랐다.

전보다 더 강도 높은 조사가 시작되었다.

행여 불똥이 튈세라 세종도 거든다.

네 차례나 압슬형이 가해지고 나서 마침내 강상인은 취조자들이 '원하는 답'을 내놓기 시작했다.

＊압슬형(壓膝刑): 죄인을 고문할 때 사금파리를 위에 꿇어앉힌 뒤 기둥에 묶고, 무릎 위에는 돌이나 널빤지 등을 얹어 자백을 받아내는 방법.

40대 중반에 이미 정승의 지위에 오른 마흔아홉 살 좌의정 박은! 그는 진작부터 심온에 대해 라이벌 의식을 갖고 있었는데,

이전부터도 여러 번 심온을 견제하는 모습을 보이곤 했다.

태종은 그의 주장을 수용하는 형식을 빌려

관련자 전원에게 사형을 언도하고
"강상인은 거열형에 처하고 이관과 심정은 목을 베어라!"

곧바로 집행해버린다.

기묘할 만큼 잽싼 일처리였다.

'거열'형이란 사지가 찢기는 참혹한 형벌. 강상인은 처형 직전 이렇게 절규했다.

"나는 죄가 없는데 매를 견디지 못해 죽는다아!"

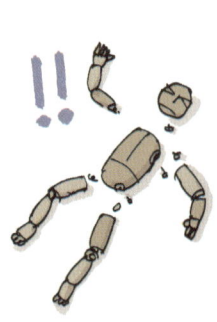

고국에서 무슨 일이 벌어졌는지도 모르는 채 한 달 뒤 심온은 압록강을 건너 귀국했고

즉시 체포되어 서울로 압송되었다.

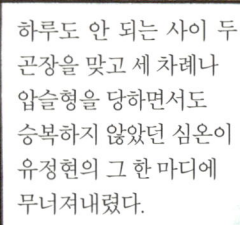

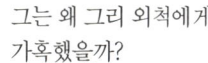

대마도 정벌

정보 누설과 교란행위를 막기 위해 각 도에 있는 왜인들을 억류하고

대마도 정벌에 관한 포고령을 내렸다.

병선 227척, 군사 1만 7,285명을 3군으로 나누어 이종무를 3군 도체찰사로 삼았다.

선발대가 접근하자 대마도의 왜인들은 길 떠났던 이들이
돌아온 줄 알고 환영하러 뛰어나왔다가

혼비백산하여 산 속으로 도주했다.

쓸 만한 배는 접수하고 시원찮은 배는
불태웠으며,

2,000여 민가도 불살랐다.

저항하는 왜인들 114명을
죽이고

손쉽게 포구를 점령했다.

포로로 잡혀와 있던 조선인들과 중국인들을
대거 구출했고,

기세등등한 왜인들은 포구까지 쫓아와 도망치기에 바쁜 조선군을 죽이는데,

남아 있던 부대들은 거의가 배 위에서 멀뚱멀뚱 구경만 하고 있었다나?!

이때 죽은 조선군은 모두 180여 명, '대마도 정벌'이란 화려한 이름 아래 가려진 작지 않은 패배다.

역시 들어가 토벌하는 것은 무리야. 태풍이 언제 닥칠지 모르는데 마냥 머무를 수도 없고 ......

65일치 식량을 준비하고 떠난 정벌군은 보름 만에 철군하고 말았다.

이종무 등 출전 장수들은 특진의 기쁨을 누렸고

상왕과 왕이 직접 잔치를 열어 노고를 치하했다.

모두 이루었으나

세종 2년(1420) 7월, 대비인 원경왕후 민씨가 세종의 눈물겨운 간병에도 세상을 떴다.

어마마마!

남편을 임금으로 만드는 데 누구보다도 공이 컸던 여장부!

바로 그 때문에 자신의 친정이 남편에 의해 풍비박산 나는 것을 지켜봐야 했다.

누이임

소문날 만큼 성질이 드(느)센 그녀였지만

남편의 냉혹함을 몇 차례 확인하고 나서는 조용히 숨죽여 지냈다. 그런 어머니의 아픔을 모르는 바 아니었기에

……

나이보다 팍삭 늙어버렸다.

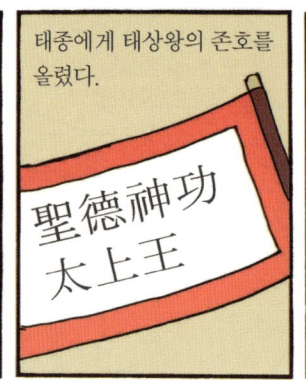

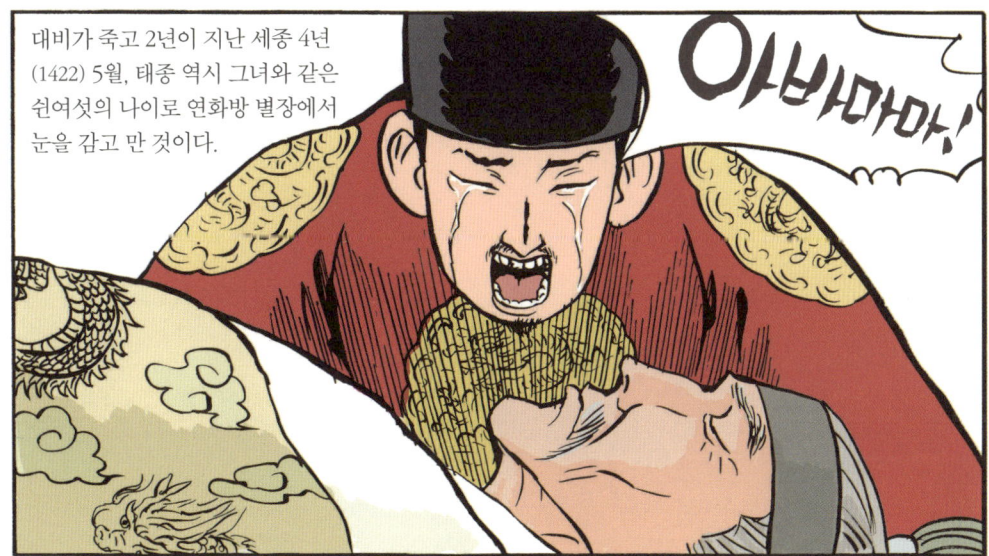

옛 집현전 건물인 경복궁 수정전
왕립 학문 연구소로서 집현전은 세종이 벌이는 사업을 학문적으로 뒷받침하는 한편,
인재 양성소 기능을 함으로써 황금시대를 여는 데 크게 기여했다.
그러나 훈민정음 창제를 맡아 했다는 등 부풀려진 면도 많다.

제2장

태평성대를
꿈꾸며

새 임금 길들이기

*졸곡(卒哭): 삼우제를 지낸 후 이제 곡을 끝냄을 알리는 제사. 죽은 지 석 달 만에 오는 첫 정일(丁日)이나 해일(亥日)에 지낸다.

제2장 태평성대를 꿈꾸며 49

어리의 자살 소식까지 담담한 얼굴로 듣고 난 양녕,

이때 태종은 대신과 대언 들을 불러 다음과 같이 일렀다.

방으로 물러나 유유히 비파를 탔다 한다.

한 달여의 실랑이 끝에 양녕은 결국 이천으로 돌려보내졌다.

졸곡을 한참 남겨둔 때였으니, 세종의 판정패라 하겠다.

그런데 이천으로 돌아온 양녕은 세종을 곤경에 빠뜨리려고 작정이라도 한 듯이 연달아 사건을 일으킨다.

아버지의 장례가 끝나자마자 무리 지어 사냥을 다녀 세인들의 빈축을 사는가 하면

집수리를 한다고 마을 사람들을 불러서는 술을 지나치게 먹여 사람을 죽게 한 일도 있었고,

남의 개를 훔치기도 했다.

홀로 서는 세종

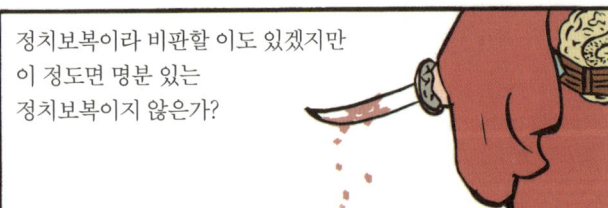

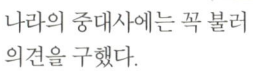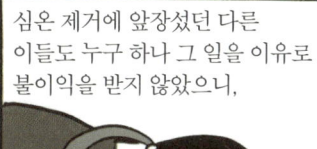

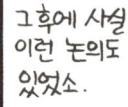

* 직첩(職牒): 관직 임명장이자 신분증명서.

하지만 심온의 억울함은 끝까지 풀어주지 않았다.
"국모의 친부를 죄인 명부에 남겨둘 순 없사옵니다."

"선왕께서 하신 일을 쉽게 고칠 수는 없는 일이오."

심온의 사면은 다음 대인 문종 때에 가서야 이루어졌다.
"무심한 사위…"

세종은 어렵고 먼 길을 택했다. 피를 부르지 않고 조용하게,

그러나 뚜벅뚜벅 황소걸음으로 입지를 다져나갔다.

세종의 힘이 어떻게 강화되어 가는지를 양녕과 관련한 태도 변화를 통해 살펴보자.

종친들 중심의 잔치 때나 사냥을 겸한 정기 무예훈련인 강무 때에는 종종 양녕을 불렀고,

그럴 때마다 신하들은 여지없이 들고일어났다.
"양녕을 당장 이천으로 돌려보내소서."
"양녕은 종사에 죄를 지은 잔데…"

"형님의 행동에 문제는 있지만 종사에 죄를 지은 것은 아닙니다."

앞에서 보았듯이 초기엔 이렇게 설명하고 설득하는 모습을 보여준다. 그러나……

제2장 태평성대를 꿈꾸며 61

하여 20년 만에 양녕은 서울로 돌아와 궁궐 같은 집을 짓고 종실의 큰어른으로 대접받을 수 있게 되었다.

유명한 일화 한 토막. 효령이 재를 올리기 위해 회암사에 머물러 있을 당시 사냥을 마친 양녕이 들어왔다.

양녕은 세종보다 더 오래 살았다.
이는 세종의 너그러움 덕이겠지만
양녕 자신의 처신 덕이기도 하다.
만일 그가 조용히 반성하는 모습을 보였다면
백성 속에서 동정론이 일었을 테고,
그럴 경우 오히려 화를 부를 수도 있었으리.

제2장 태평성대를 꿈꾸며 63

세종의 철학

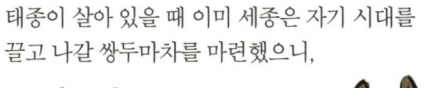

황희는 양녕을 편들었다가 태종의 노여움을 사 지방에 쫓겨나 있던 상태.

다행히 태종이 죽기 전에 복귀를 허락해주었다.
황희는 죄가 크지 않으니 불러다 쓰도록 하오.

이때 그의 나이 이미 예순이었다.

이듬해 예조 판서에 임명되고

강원도 도관찰사, 대사헌, 이조 판서를 거쳐

복귀 4년 만에 우의정에 임명되었다.

황희로 대표되는 노대신들과 집현전으로 대표되는 신진 학자 그룹을 양 날개로 삼아 세종은 자신에게 맡겨진 시대적 사명을 200% 완수하게 된다.

태조께서 터를 닦으시고 태종께서 기초를 놓아 기둥을 세우셨다면, 내가 할 일은
벽을 쌓고 지붕을 올려 문과 창을 내어 완성하는 일!

제2장 태평성대를 꿈꾸며 65

공맹과 주자의 가르침이 구현된 나라를 세우는 일이다.
나라엔 충성♪
부모님껜 효도♪
웃어른을 공경하고
형제간엔 우애로♪
어화! 태평성대로다!!
세종의 정치철학은 어디까지나 유교였지만
논어
맹자
유교만 절대화하지도 않았다.
불교를 내심 신봉했으며
불상에다 비록 절을 올리지는 못해도 마음은…
풍수학이나 민간 신앙까지도 그 가치를 인정했다. 풍수학자 최양선이 이런 주장을 편 일이 있었다.
경복궁 북쪽 산이 주산이 아니라 승문원 뒷산이 주산으로 그곳이 진짜 명당입니다. 창덕궁을 그 쪽으로 옮기시면 만세의 복이 될 것입니다.
풍수학자들과 대신들이 함께 산에 올라 혈맥을 조사해 보고하라.
최양선의 말이 옳다!
아니다. 경복궁이 최고 명당이 맞다!
상황을 지켜보던 열혈 유학자들이 나섰다.
풍수의 학설이 누구에게서 나왔는지 신은 모르오나…

'상고(詳考)', 말 그대로 '상세히 참고한다'는 뜻이다. 주로 사서오경류의 경전, 역사서, 명나라와 조선의 법전 등을 '상고'한다.

*국무당: 도성 안에 두어 국가의 기도 행사를 주관하게 한 무당.

세종은 학문을 위한 학문, 연구를 위한 연구, 발명을 위한 발명 같은 것에는 전혀 관심이 없었다. 오직 현실의 필요만이 그를 자극했다.

때문에 조선중심주의자가 되는 건 필연이었다!

과학, 농업, 의학, 군사, 음악 등 모든 분야에 세종의 '조선의 실정에 맞게'는 관철되었다.

그리고 그 결정판!!

제2장 태평성대를 꿈꾸며

새로운 카리스마

세종은 수성의 군주, 태조와 태종의 유업을 계승하고 안정시켜야 할 사명을 부여받은 이.

따라서 보수주의자가 되었을 법한데 샘솟는 창의적 사고가 그렇게 두질 않았다.

당대의 누구보다도 혁신적이고 틀을 깨는 사고를 가졌으며 끊임없이 새로운 일을 만들어냈던 세종.

정승 중시는 스스로도 뭔가 제동장치가 있어야 한다고 생각한 때문이 아닐까?

전문가를 중시한 것도 세종식 인사의 중요한 특징.

과학은 과학 전문가, 국방은 국방 전문가, 음악은 음악 전문가,

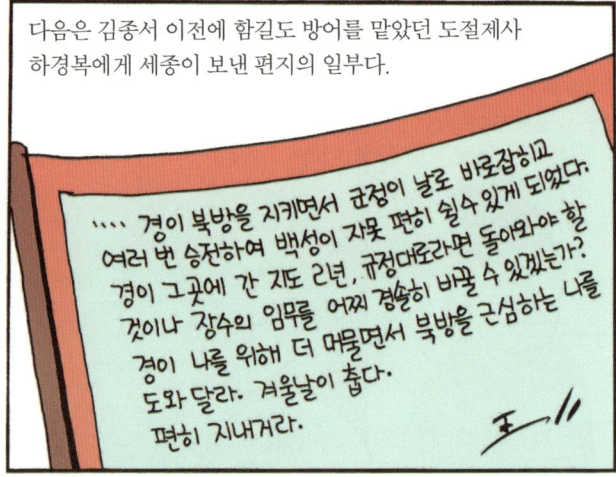

다음은 김종서 이전에 함길도 방어를 맡았던 도절제사 하경복에게 세종이 보낸 편지의 일부다.

…… 경이 북방을 지키면서 군정이 날로 바로잡히고 여러 번 승전하여 백성이 자못 편히 쉴 수 있게 되었다. 경이 그곳에 간 지도 2년, 규정대로라면 돌아와야 할 것이나 장수의 임무를 어찌 경솔히 바꿀 수 있겠는가? 경이 나를 위해 더 머물면서 북방을 근심하는 나를 도와 달라. 겨울날이 춥다. 편히 지내거라.

하경복은 그 뒤로도 무려 9년을 더 북방의 진중에 머물러야 했고,

인계받은 김종서 또한 7년을 머무르며 북방을 개척했다.

음악 분야에서는 박연이 붙박이로 앉아 커다란 성과를 이뤄냈다.

음으으음음음으으음음으으

세종은 또한 능력 위주의 인사를 했다. 능력만 있으면 신분이나 웬만한 허물도 문제 삼지 않아서

노비 출신인 장영실이 활약할 수 있었던 반면에

문제 많은 인물들이 조정의 중신으로 중용되는 폐단을 가져오기도 했다.

아부와 뇌물의 선수들!

음악을 정리할 필요가 있을 땐 음악서적을 독파하고, 역법을 바로잡을 때는 관련한 전문서적을 연구하는 식으로 유교경전 외에 역사, 음운학, 병법 등 다방면에 걸쳐 최고 전문가의 경지에 이르렀다.

- 정도전은 《고려사》를 서술하며 황제를 칭한 것이 분수에 맞지 않다며 관련 용어들을 제후의 격에 맞춰 고쳐 기술.(조·종→왕, 황제→왕, 칙서→교서, 태자→세자 등)
- 왕은 이를 사실대로 쓸 것을 요구했으나 변계량은 이제현, 이색 등도 정도전처럼 고쳐 썼다며 오히려 정도전이 채 고치지 못한 것까지 찾아 모두 고쳐 썼다.

* (기전체 서술에서) 본기: 제왕의 일대기. 세가: 제후의 일대기.

나아가 세종은 대표적인 '범생'이 임금님.

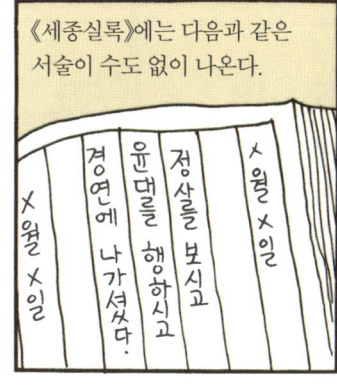
《세종실록》에는 다음과 같은 서술이 수도 없이 나온다.

X월 X일
정사를 보시고
윤대를 행하시고
경연에 나가셨다.

X월 X일

윤대란 문무관원이 돌아가며 임금을 만나 질의에 답하던 일을 말한다.

일을 하는 데 애로사항은 없느냐?

윤대에서 행한 발언을 문제 삼지 않으니 신하들은 의견은 물론 돌아가는 일을 기탄없이 말할 수 있었고, 이로써 세종은 신하들의 동향을 더 잘 알 수 있었다.

미주알 고주알

임금은 구중궁궐 안에 있어서 자칫 정보에서 소외될 수 있거든.

경연은 대개의 임금들이 싫어했지만 공부를 좋아하는 세종에겐 즐거운 자리였다.

오히려 담당 관원들에게 곤혹스러운 시간이었다.

오늘 준비는 이만하면 충분하겠지? 아냐, 그래도 뭔가 부족한 것 같아.

하루는 경연에서 의심나는 것을 물으니, 아무도 대답하지 못했다.

음음…

괜찮소. 무릇 배운 자들이 스스로 모른다고 하는 것은 옳다 하겠지만, 모르는 게 없다고 하는 것은 도리어 용렬하다 할 것이오. 알지 못하는 것을 부끄러워하지 마오.

제2장 태평성대를 꿈꾸며 77

정기 무예훈련 때가 아니면 좀처럼 사냥을 떠나는 일도 없다.

그나마 취미생활이 있다면 종친들을 궐 안으로 불러 타구(격구, 봉희라고도 한다)를 하는 정도였다. (그것도 젊었을 때)

나이스 샷!

말을 타고 하는 격렬한 방식보다는

걸어다니며 하는 부드러운 방식을 즐겨했다.

...

다음은 세종 3년 11월 25일자에 기록된 타구 경기 모습.

- 공을 치는 방법은 편을 나누어 승부를 겨루는 것이다. 치는 몽둥이는, 크기는 손바닥만 하고 물소 가죽으로 만든 숟가락 모양의 주걱에다가 대나무 자루를 이어 만들었다.

- 공의 크기는 달걀만 한데 나무 등으로 만들었다.

- 전각 사이나 섬돌 위, 혹은 평지에 밥그릇 모양으로 파서 (이름을 와아라 한다) 구멍을 만들었다.

- 꿇어앉아 치기도 하고 서서 치기도 하는데 공이 날아가기도 하고 구르기도 하는 것이 구멍이 있는 데에 따라 적절히 한다.

- 공이 구멍에 들어가면 점수를 얻는데, 세부 규칙이 매우 많다.

이런 골프면 대중화해도 좋을 텐데.

사대외교의 설움

들어오는 길목마다 영접사를 보내 잔치를 베풀고, 서울로 들어오면 임금이 백관과 함께 맞이한다.

* 대언(代言): 왕명의 출납을 담당하는 관리로 뒤에 승지로 바뀐다.

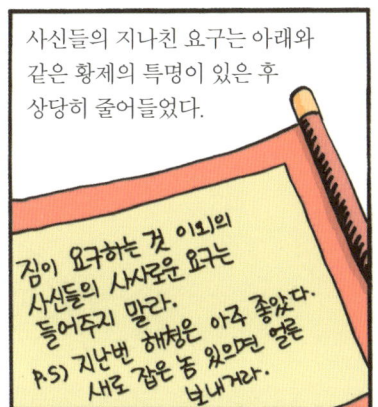

《훈민정음해례》〈예의〉편

《훈민정음해례》는 세종의 명으로 정인지와 집현전 학자들이 편찬한 훈민정음 해설서다.
사진의 〈예의〉편은 《월인석보》 책머리에 실려 전해오는 것이고, 1940년경 안동의
한 고가에서 《훈민정음해례》 완본이 발견되어 한글의 제자 원리가 밝혀짐으로써
한글이 얼마나 과학적 원리에 기초해 만들어졌는지를 알 수 있게 되었다.

제3장

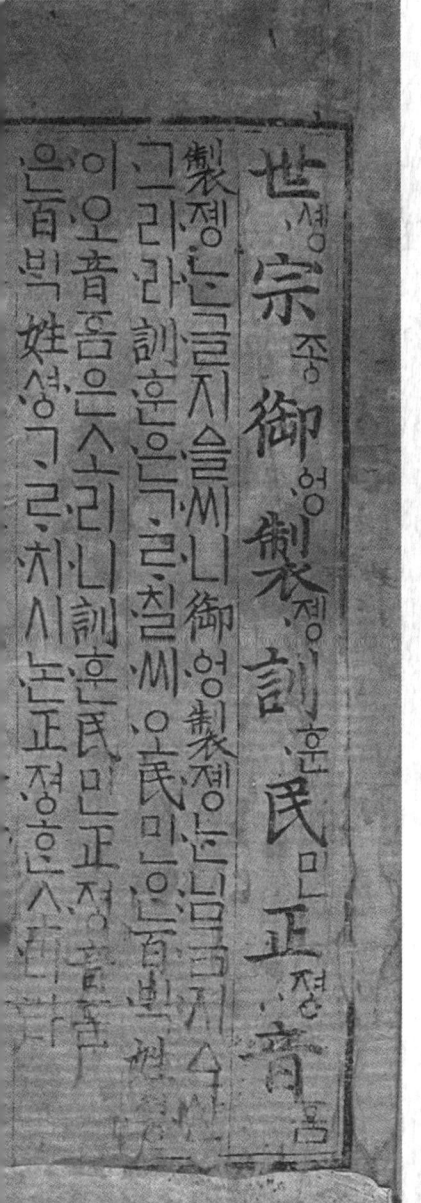

백화만발의 시대

학문의 융성

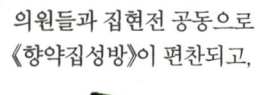

《8도지리지》,《오례의》,《동국정운》등 각 분야의 굵직한 성과물들도 세종의 지휘 아래 집현전 학사들의 노력으로 얻어진 것들이다.

급기야 훈민정음을 만들기에 이른다.

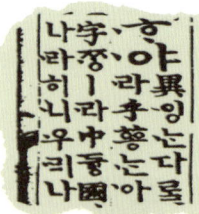
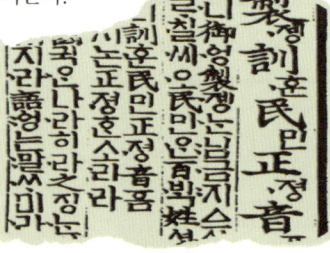

과학기술의 도약

* 역서(曆書): 해와 달, 별들의 움직임을 관찰하여 한 해 동안의 절기와 일식, 월식 등을 순서에 따라 적어놓은 책.

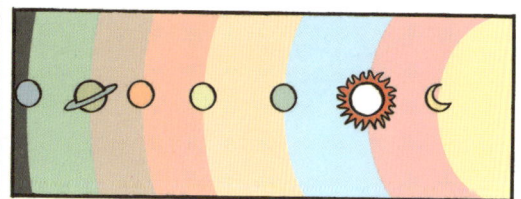

이듬해 5월 호조가 다시 올린 글에는 더욱 구체화되어 그 그릇을 측우기라 이름 지었다는 것, 비가 오고 갠 시간과 강우량을 각 고을에서도 기록에 남기도록 할 것 등을 청하고 있다.

그동안 측우기는 장영실의 발명품으로 알려져왔으나 근래에 들어 문종의 세자 시절 작품이란 주장이 설득력을 얻고 있다.

다음은 누런 비가 내린 일에 대해 이야기하던 중에 세종이 했던 말이다. (세종 23년 4월 29일로 측우기와 관련된 첫 기록이다.)

설령 제작은 신의 손 장영실이 했을지라도 아이디어는 문종에게서 나왔음을 보여주는 대목이다.

강물의 수량을 재는 수표

바람의 방향을 살피는 풍향계 등도 설치되어

기상 변화를 다양한 측면에서 종합적으로 파악할 수 있게 되었다.

무기 분야에서도 많은 진보가 있었다.

더 튼튼하고 더 빠르고 더 수명이 긴 병선을 만들기 위한 노력이 계속되었고,

특히 화포에 대한 세종의 관심은 매우 커서 끊임없이 실험하고 개량을 독려했다.

마침내 화약 및 화포기술이 모두 명나라를 앞지르게 되었고, 실전에 투입되어 북방영토 개척에 크게 이바지했다.

두 천재 음악가

예는 천지의 질서를 이루는 격식으로 팍팍한 것이라면

禮

악은 이 팍팍함을 풀어주고 천지를 조화시키는 기능을 하는 것.

樂

둘은 떼려야 뗄 수 없는 것으로 유교 정치의 근본을 이룬다.

"한 마디로 예는 위, 아래의 구분이고"

"악은 위, 아래의 화목이란 얘기군. 음악을 듣고 순종하는 태도를 가져라, 이거 아냐?"

사람, 삐딱하긴. 음악 좀 들려줘야겠군.

세종은 5례를 정비함으로써 예를 제도화하기 위해 많은 노력을 기울였다.

"중국과 옛 고려의 제도를 연구하여 상세히 정리하도록 하라."

허조가 태종 때부터 시작해 '길례'를 정리했고,

정척, 변효문이 명을 받아 나머지 4례를 정리해나갔다.

이러한 세종의 노력은 성종 때에 가서야 결실을 맺었으니 《국조오례의》의 완성이 그것이다.

"〈길례〉는 왕실이 주관하는 제사, 〈흉례〉는 왕실의 장례, 〈군례〉는 군사 훈련, 〈가례〉는 왕실의 경사, 〈빈례〉는 사신 접대에 관한 예절을 말합니다."

이 5례에 해당하는 모든 의식에는 음악이 필수적인 요소. 그러나

조선 초기 궁중 음악은 한마디로 엉망이었다.

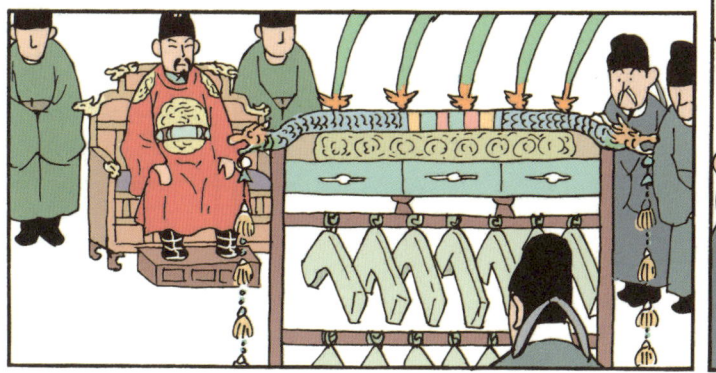

북방 개척의 시대 1

학문, 과학, 예악 등에 일대 혁신을 가져오는 등 문풍(文風)을 크게 일으킨 세종,

무(武)에 대한 관심도 매우 컸다. 군사 훈련, 무기 개량, 성벽 축조 등에 꾸준히 힘을 쏟더니,

마침내 '4군 6진'으로 불리는 북방영토 개척을 일궈냈다.

세종은 아버지 태종이 주도한 대마도 정벌과 그 효과에서 깊은 인상을 받았던 것 같다.

남쪽도 경계를 게을리 해서는 안 되겠지만 외환은 북방에서 온다!

북방! '야인'이라 불리던 여진족을 염두에 두고 한 말이다.

한때 금나라를 세워 위세를 떨쳤던 여진족은 여러 부족으로 쪼개져 응집된 힘을 갖지 못한 채 만주 일대에 흩어져 있었다.

이들은 평소에는 조선 정부에 토산품을 바치는 등 복속하는 모습을 보이다가

식량이 떨어지면 떼를 지어 국경지방의 조선인 마을을 습격하곤 했다.

더러 귀화하는 이도 있었는데

나름대로 세력이 있는 자가 귀화하면 조선 정부는 벼슬과 집, 노비를 주고 심지어 결혼까지 시켜주었다.

여진에 대한 조선의 입장은 오랫동안

……였던 것이다.

조선과 밀접한 관계를 맺었던 주요 여진 세력.

제3장 백화만발의 시대 115

흔히 우리는 4군 6진 이전의 국경선이 아래와 같았던 것으로 생각하지만,

사실 세종 이전부터 압록, 두만강을 경계로 하는 오늘의 국경선이 '희미하게나마' 그어져 있었다.

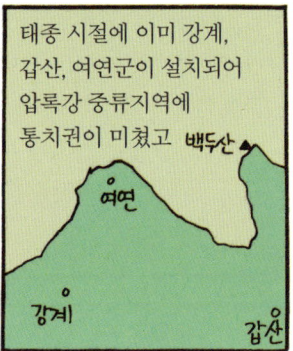
태종 시절에 이미 강계, 갑산, 여연군이 설치되어 압록강 중류지역에 통치권이 미쳤고

동북면 지역도 마찬가지. 이곳은 태조의 조상들이 힘을 키운, 이른바 흥왕지지!

이미 정도전이 태조의 특명을 받고 와서 군현의 경계를 정하고 최북단 경원에 성을 쌓기도 했다.

실제 세종은 뒤에 방어의 어려움을 들어 대신들이 이런 주장을 펴자

마천령 산맥을 국경으로 삼으시면 방비가 더 쉬울 것이옵니다.

그러하옵니다.

단호하게 다음과 같이 말했다.

무슨 소리요? 과인은 조종이 물려주신 땅을 단 한 치도 내줄 수 없소이다!

세종의 흥분을 가라앉혀준 것은 한 장의 보고서였다.

현장의 의견을 중시할 줄 아는 세종이었다.

제3장 백화만발의 시대 119

최종적으로 작전에 투입된 군사는 황해도 군사 5,000명을 포함해 1만 5,000명. 총사령관 최윤덕, 중군 절제사 이순몽, 좌군 절제사 최해산, 우군 절제사 이각, 조전 절제사 이징석을 비롯해 7개 부대가 각기 다른 방향으로 공격해 들어갔다.

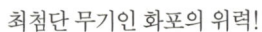

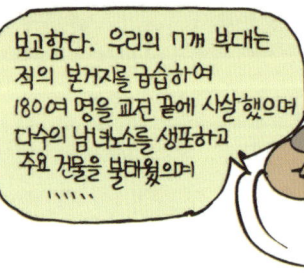

비록 적장인 이만주를 잡지는 못했지만 긴장 속에 준비한 군사작전은 조선 측의 이렇다 할 피해 없이 성공적으로 끝났다.

최윤덕은 우의정에 임명되었고 다른 장수들도 모두 승진의 기쁨을 누릴 수 있었다.

다만 한 사람, 좌군 절제사를 맡았던 최해산은 늦게 출전한 죄로 파직당하는 수모를 겪었다.

화약을 개발한 최무선의 아들로, 대를 이어 화약 및 화포기술 발전에 기여한 그였지만,

무장으로서의 사명감은 좀 아니었다.

몇 년 뒤엔 강계 부사로 임명되었는데, 첩과 계집종, 기생까지 데리고 가서 흥청거렸다.

요런 속셈에서 그랬던 것인데

소원대로 파면은 되었지만 더 전방인 여연으로 귀양가는 신세가 되었다.

각설하고, 조선은 새로이 자성군을 설치해 이 지역에 대한 직할 의지를 분명히 했다.

참고로, 무창군과 우예군이 설치된 건 그로부터 3년 뒤, 5년 뒤의 일이고, 4군의 하나인 여연군은 앞서도 언급했지만 태종 때 이미 설치된 것.

북방 개척의 시대 2

최윤덕의 정벌전이 성공하자 자신감을 얻은 세종은 곧바로 두만강 쪽으로 눈을 돌렸다.

경원부 홀로 섬처럼 떠 있던 이곳 최북방에 영북진(뒤에 종성군으로 바뀐다.)을 설치한 것이다.

영북진의 책임자는 10년간 경원을 맡아온 무장 이징옥.

별명이 멧돼지야. 성질이 아주 사납거든.

경원, 영북만으론 부족해. 몇 개의 고을을 더 만들어 온전한 우리 땅이 되게 해야지.

때마침 이만주 세력이 쳐들어와 동맹가첩목아를 살해하고 아들을 납치해간 일이 벌어졌다.

옳거니! 저들의 내분으로 그 일대가 무주공산이 된 지금이야말로 좋은 기회!

세종은 오랫동안 승지로 데리고 있으면서 깊이 신뢰하게 된 김종서를 불렀다.

김종서는 무신 출신도 아니고 체구도 작은 유학자! 세종은 왜 쟁쟁한 무신들을 놔두고 그를 택했을까?

아무리 생각해보아도 이 일은 경이 적임이오.

동북면의 일은 개척이 주임무라네.

물론 전쟁의 위험도 있지만, 고생하는 군대를 위로하고 백성을 다독거리며 인근의 야인들까지 위엄과 아량으로 안정시켜야 하는 일이라네. 강직하고 총명한 종서가 딱이지.

함길도 최북단에 부임한 김종서는 곧장 새 진을 설치하는 일을 벌여 나간다.

진(鎭)이란 군사상의 필요가 먼저인 행정 구역으로, 변방이나 해안가에 설치되었다. 그렇다고 북서4군과 동북6진의 군과 진이 뚜렷이 구분되는 것은 아니다. 6진은 6군이라 불러도 좋을 만큼 각각 ○○군으로 불렀다.

김종서의 주도 아래 기존의 경원, 영북(종성) 외에 회령, 경흥, 온성군이 설치되었다.(부령군은 김종서가 떠난 뒤 설치됨.)

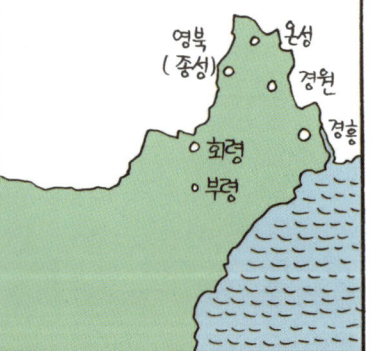

사민정책이 실시되었다. 함길도 남쪽에 살던 사람들을 국경의 새 고을로 강제 이주시키고

하3도(충청, 경상, 전라) 사람들이 함길도 남쪽을 채우는 방식이었다.

가진 것 없는 이들은 자해를 하기도 했다.

원망과 분노를 부를 수밖에 없는 사민정책이었다.

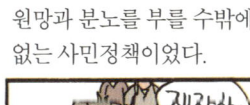

제3장 백화만발의 시대 125

세종도 김종서도 흔들리지 않아 사민정책은 계속 추진되었다.

동맹가첩목아 이후 이 지역 야인들의 우두머리 역할을 하는 그의 동생 범찰,

조선 임금도 김종서도 모두 저리 완강하니 옛날로 되돌리기는 이미 틀렸고,

황제에게 하소연한다.

여기서 계속 살긴 아무래도 힘들 듯하오니, 파저강의 이만주에게 가서 같이 살고자 하옵니다. 부디 도와주소서.

들어주는 게 어떤가?

종서는 어찌 생각하느냐?

새 황제 정통제

불가하옵니다. 야인들은 본래 뭉치면 강해지고 강해지면 외구이 되옵니다.

이쯤에서 세종은 김종서를 불러들이기로 결심한다. 다른 오해도 작용했지만(뒤에 자세히) 김종서의 역할이 사실상 끝났다는 판단을 내린 것이다.

세종어제훈민정음

1443년 12월 30일, 세종은 그의 인생 최고의 걸작을 내놓는다.

이날의 기록 전문이다.

이 달에 임금이 친히 '언문' 28자를 지었는데 옛 전자(篆字)를 모방하고, 초성·중성·종성으로 나누어 합한 연후에야 글자를 이루었다. 무릇 문자에 관한 것과 이어(吏語)에 관한 것을 모두 쓸 수 있고, 글자는 간단하고 요약하지만 전환이 무궁하니, 이를 훈민정음이라 일렀다.

그러나 이날 이전의 《실록》에는 훈민정음과 관련해 단서가 될 만한 그 어떤 기록도 없으니 기이한 일이다.

그동안 훈민정음은 세종의 명을 받고(혹은 지휘 아래) 집현전 학자들이 만들었다는 게 통설이었다.

3년 뒤에 나온 《훈민정음해례》(해설서)를 세종의 명에 의해 정인지와 집현전 학자들이 편찬했고,

이후 보급 과정에서 핵심적 역할을 담당했기 때문이다.

무엇보다도 이런 엄청난 일을 세종이 직접 혼자서 해냈다는 게 도무지 믿기지 않는 일이었기 때문이리라.

그러나 적어도 《실록》에는 집현전이 관여했다거나 도움을 주었다는 기사는 어디에도 없다.

오히려 창제한 날의 기록에도

《훈민정음해례》에도 세종이 직접 만들었다는 점이 강조되고 있을 뿐.

훈민정음이 공개되고 한 달 보름여 동안은 별다른 반응이 보이지 않는다.

이듬해 1444년 2월 16일,

그리고 나흘 뒤 문제의 '최만리 상소'가 올라왔다.

제3장 백화만발의 시대 131

가급적 전문을 요약하여 소개하면,

신들이 엎드려 보건대 언문을 제작하신 것이 지극히 신묘하고 만물을 창조하고 지혜를 운전함이 천고에 뛰어나시나 신들의 구구한 좁은 소견으로 의심되는 것이 있나이다.

우리 조선은 지성을 다해 대국을 섬기어 한결같이 중화의 제도를 따라왔는데 … 언문을 창작하신 것을 보고 듣기에 놀라움을 금할 수 없습니다. … 어찌 대국을 섬기고 중화를 사모하는 데에 부끄러움이 없사오리까?

사대에 어긋납니다.

예부터 구주(九州) 안의 풍토는 비록 다르오나 지방의 말에 따라 문자를 만든 예는 없사옵고 다만 몽고, 서하, 여진, 일본, 서번이 각기 자기 글자가 있으되 오랑캐의 일이므로 언급할 가치도 없사옵니다. … 이제 언문을 따로 만드는 것은 중국을 버리고 스스로 오랑캐와 같아지려는 것입니다.

오랑캐가 되려 하십니까?

설총이 만든 이두는 비록 비루한 이언(俚言)이오나 모두 중국의 글자를 빌려 사용하였기에 문자가 서로 분리된 게 아니옵고, 이두를 쓰는 자는 문자를 알아야 하고 이두로 인해 문자를 알게 되는 이가 자못 많사옵니다.
사용한 지 수천 년 동안 장애가 없었사온데 어째서 상스럽고 무익한 글자를 만드십니까?

이두를 잘 쓰고 있는데 뭣 때문에 쓸데 없는 걸 만드셨습니까?

언문을 쓰게 되면 따로 문자를 배울 필요가 없으니 무엇 때문에 어렵게 성리(性理)의 학문을 하겠습니까?
언문은 '새롭고 기이한 기예'에 지나지 못한 것으로 학문에 방해되고 정치에 무익하며 아무리 생각해보아도 옳은 것을 볼 수 없습니다.

새롭고 기이한 기예일 뿐!

백해 무익!

백성이 글자의 착오로 억울한 일을 당하는 경우가 있다 하시나 중국은 말과 글이 같아도 그런 일이 허다하옵니다.
언문을 굳이 만들어야 한다면 백관과 의논하여 모두 옳다 해도 두 번 세 번 더 생각하고 중국에 고해도 부끄러움이 없으며 백세라도 성인을 기다려 의혹됨이 없은 연후에야 행할 수 있는 것이옵니다.

이놈들이 아주 막가네
부들 부들

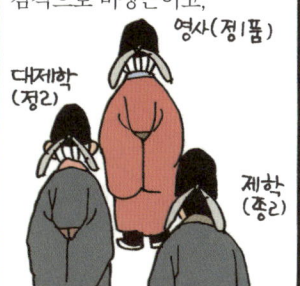

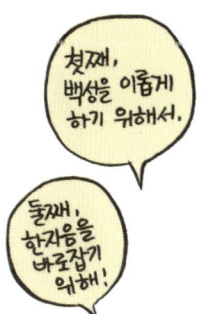

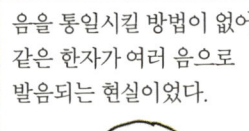

음을 통일시킬 방법이 없어 같은 한자가 여러 음으로 발음되는 현실이었다.

그러나 상소 내용에 대한 반론이란 면에선 토론의 달인답지 않은 대응이다. 핵심 주제 비껴가기, 지위로 위압하기, 약점 잡기…….

왜 사대 문제 등에 대해 조목조목 정면으로 반박하지 않았을까?

그것은 아마도 최만리의 상소가 당시 유학자들의 일반적 인식을 반영했기 때문일 것이다. 그리고 세종 또한 유학자인 만큼 정면에서 받아치기는 곤란했으리라.

이런 풍토에서 창제 작업을 공론화했다가는 진행조차 어려웠을 것이다.

이를 잘 알았기에 세종은 '직접, 비밀리에' 창제 작업을 해야 했다.

도우미는 있었다. 이이화 선생에 의하면 문종과 (성삼문의 《해동잡기》에 세종과 문종이 창제했다는 서술이 있다네요.)

둘째 딸 정의공주가 도왔다 한다. (죽산 안씨가에 시집갔는데 죽산 안씨 족보에 창제를 도왔다는 기록이 있다 함.)

그외 수양, 안평 등의 대군들도 도왔을 것이다.

예상 못한 반발이 아니었으나 세종은 화가 났다.

꽉 막힌 인간들 같으니, 수고하셨다고 한 마디 하면 안 되나? 뻔한 얘기를 무례하게 하고 있어.

그렇다고 의견을 낸 데 대해 벌을 줄 수는 없는 일. 최만리 등 5인은 의금부에 가두었다가 이튿날 바로 석방했다. 다만 김문은 처음엔 찬성했다가 반대로 돌아섰다는 이유로 곤장을 치고, 정창손은《삼강행실도》와 관련한 발언을 문제 삼아 파직했다.

그 뒤로는 신하들의 반대가 없었다.

사소한 일에도 대간들을 중심으로 강력히 항의하는 것이 상례인데 잠잠했던 것으로 보아 훈민정음의 효용성이 받아들여진 것으로 보인다.

기가 막힌 글이긴 해.

한자음 통일에 정말 필요하겠군.

백성이 언문을 배워도 우리의 영역은 침범하지 못할 거야.

그럼! 우린 모든 걸 한자로 하잖아.

히히

이에 세종은 본격적으로 훈민정음을 보급해갔다.《용비어천가》,《석보상절》,《운회》언해본,《월인천강지곡》등의 책을 출판하고,

잘 되었구나.

인쇄하여 보급하라!

하급 구실아치들을 뽑는 시험에 훈민정음 사용법을 넣도록 했으며,

정인지 등을 시켜 훈민정음 해설서를 만들어 보급하도록 했다.

다음은 훈민정음이 반포된 날의 기록 중 일부다.

이달에 훈민정음이 이루어졌다. 어제(御製)에,
"나라말이 중국과 달라 한자와 서로 통하지 아니하므로 어리석은 백성이 말하고 싶은 바가 있어도 제 뜻을 잘 표현하지 못하는 경우가 많다.

내 이를 딱하게 여겨 새로 스물여덟 자를 만드니 사람들로 하여금 쉬이 익혀 쓰는 데 편하게 할 따름이다.

ㄱ은 아음(牙音)이니 군(君) 자의 첫 발성과 같고…
ㄴ은 설음(舌音)이니 나(那) 자의 첫 발성과 같고…
…"

예조 판서 정인지의 서문에,
"…대개 외국의 말은 소리는 있는데 글자는 없어 중국의 글자를 빌려 쓰게 되지만, 이는 둥근 장부가 네모난 구멍에 들어가 서로 어긋나는 것과 같으니 어찌 막힘이 없겠는가?…

글을 배우는 사람은 이해하기 어려워 근심이고 옥사를 다스리는 사람은 그 곡절 통하기 어려워 괴로웠다.…

계해년 겨울에 우리 전하께서 정음 28자를 새로 만들어 예를 들어 보이고 명칭을 훈민정음이라 했다…

지혜로운 사람은 아침나절이 되기 전에 이를 이해하고 어리석은 사람도 열흘 만에 익히게 된다…

바람 소리, 학 울음 소리, 닭 울음 소리, 개 짖는 소리까지 모두 표현해 쓸 수 있게 되었다.…

마침내 해석을 상세히 하여 여러 사람에게 이해시키라 명하시니 신이 최항, 박팽년, 신숙주, 성삼문, 강희안, 이개, 이선로와 더불어 삼가 모든 해석과 범례를 지어 설명하니 이를 본 사람은 스승이 없어도 깨달을 수 있으리라.
…

삼가 생각하옵건대 우리 전하께서는 하늘이 내린 성인으로 제도와 시설이 백대의 제왕보다 뛰어나시어 정음의 제작은 전대의 것을 본받은 바도 없이 자연적으로 이루어졌으니 그 지극한 이치가 있지 않은 곳이 없으므로 인간 행위의 사심으로 된 것이 아니다. 대체로 동방에 나라가 오래되었으나 사람이 알지 못하는 도리를 깨달아 이것을 실지로 시행하여 성공시키는 큰 지혜는 오늘을 기다림이었다."

으~ 글자의 압박

세종 시대의 백성

*저화: 태종 때 유통된 종이 화폐.

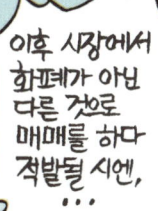

사회의 급격한 보수화도
백성에게는 고통이 되었다.

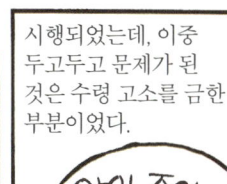

수령들은 날개를 달았고

백성은 마지막 보호막마저 잃어버린 셈.

'수령고소금지법'은 재위 내내 논란이 되었다.

그때마다 허조는 강력히 막아섰고

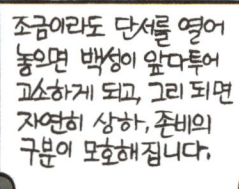

말은 이렇게 하면서도 세종은 소수 의견인 허조의 주장을 번번이 지지해주었다.

태평성대는 사대부들에게만 해당되는 것이었다.

규표
방위, 절기, 시각을 측정하는 천문 관측기구. 세종은 규표, 간의, 혼천의 등
천문 관측기구를 설치해 운영했고, 이를 이용해 조선만의 독자적인 역법을 만들었으니
바로《칠정산》이다.

제4장

명군을 도운
명신들

황희 정승

세종 시절뿐만 아니라 조선시대를 대표하는 명재상 황희, 무려 24년간 정승으로 있었고 이 중 19년은 영의정으로 있었다.

그 전무후무한 기록 덕에 사람들은 재상 하면 황희를 떠올렸고, 갖가지 이야기를 만들어냈다.

옛날에 말이야, 황희 정승이라고 계셨어. 전설적인 분이시지. 그분 스타일이 딱 이래.

네가 옳다. 너도 옳다. 하하하 부인도 옳소.

아프다. 인석아 허헝!

그렇게 만들어진 이야기들에서 그려진 황희의 대표적인 이미지는
온화!
청렴!
두루뭉술!
이라 할 수 있는데,

허허허

《실록》에 묘사된 황희는 사뭇 다르다. 온화하고 인정 많은 모습은 곳곳에 보이지만

청렴과 두루뭉술은 거리가 멀어 보인다.

유배에서 돌아와 몇 해 안 되어 정승에 오른 황희는 불과 몇 달 뒤 곤혹스런 사건에 휘말린다.

좌의정 황희의
사위이자
형조 판서
서선의 아들인
서달이
어머니를 모시고
시골 길을
가다가 사고를
쳤더랬다.

종들을 시켜 '버르장머리를 고쳐'주는데, 이를 보고 동료 아전인 표운평이 항의했다.

이에 그도 붙잡아 매타작을 했는데,

다음 날 그만 죽고 만 것이다.

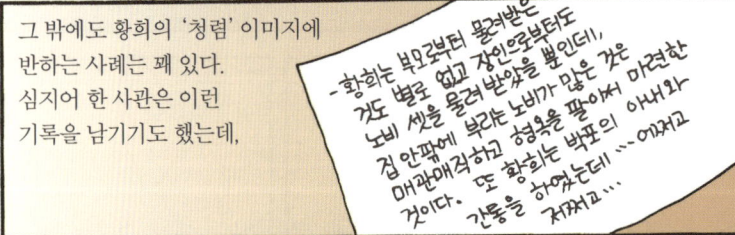

황희는 거침없고 분명하게 주장하는 유형, 그에 걸맞게 큰일을 결단하는 데도 단호했다.

황희, 맹사성의 투 톱 시절을 보면 보수적인 황희가 세종을 보완·견제하고, 단호한 황희를 신중한 맹사성이 보완·견제하는 구도라고나 할까?

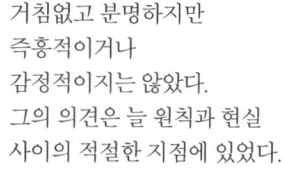

거침없고 분명하지만 즉흥적이거나 감정적이지는 않았다. 그의 의견은 늘 원칙과 현실 사이의 적절한 지점에 있었다.

일흔을 넘기면서 황희는 여러 차례 사직서를 올렸다.

—야인 정벌 논의 시 열혈 재상 황희의 모습—

과학혁명의 주역들

이후 정초, 정인지 등을 도와 《칠정산》의 완성을 보았고, 간의, 규표, 해시계, 보루각, 흠경각 등의 제작·건립을 지원했다.

신의 손 장영실은 동래의 관노 출신이었다.

다음은 장영실이 자격루를 완성시키자 세종이 황희, 맹사성에게 그의 관직을 높여줄 뜻을 비치며 했던 말이다.

그는 당대 세계 최고 수준의 기계기술자. 정교한 자동 물시계인 자격루, 옥루를 만들어냈고

이천이 지휘한 갑인자 제작에 참여했으며, 박연의 악기 제작을 돕는 등 정교함이 필요한 일엔 신의 손 장영실이 있었다.

이런 공로에 힘입어 관노 출신임에도 종3품 대호군까지 올라갔던 장영실은 그러나 어이없게 퇴장당하고 만다.

그가 제작한 안여가 부러지면서 곤장을 맞고 직첩을 회수당한 것.

안여가 부러진 날은 세종이 치료 차 온천에 도착한 날로, 세종이 탄 상태에서 부러진 건지는 나와 있지 않다.

이후 장영실에 대한 기록은 《실록》에서 완전히 사라져버려 안타까움과 함께 궁금증을 불러일으킨다.

유사한 경우가 최만리다. 그는 훈민정음 반대 상소를 올린 이듬해 사망하면서 더는 《실록》에 등장하지 않는다.
장영실도 최만리처럼 이후 오래지 않아 사망한 게 아닐까?

제4장 명군을 도운 명신들 157

이천은 특이한 인물. 태종 초에 무과에 급제하고 중시에도 급제한 무장으로

평안도 절제사를 맡아 2차 야인 정벌을 성공적으로 수행하기도 했다.

그러나 그의 재능은 과학기술 방면에서 더욱 빛났다. 규표, 간의, 혼천의 등 천문기기 제작에 함께했고,

갑인자를 만들어냈으며, 화포 개량에서도 그의 역할은 단연 으뜸이었다.

정초 이후 과학기술 분야의 이론적 지휘자는 정인지였다.

열아홉 살에 '행운'의 장원급제를 한 수재로 (제3권 147, 148쪽 참조)

일찍 관직에 들어섰지만 행정 미숙으로 여러 번 고초를 겪었다.

북방의 영웅들

세종 14년(1432) 6월 9일자 기록이다.

이듬해 야인 정벌을 성공적으로 수행하고 돌아오자

과연 정승에 임명되었다.
세종 시절 유일한 무장 출신 정승으로
우의정, 좌의정을 역임했다.

갑사로 들어와 근무하다 무과에
응시해 급제한 이징옥!

최북단 경원에 부임하여
군소리 한 마디 없이 10년 넘게
자기 자리를 지켰다.

그의 면모를 보여주는 일화
하나. 사신 윤봉이 해청과
스라소니를 잡는다며 그의
관할지에서 설쳐댈 때였다.

윤봉이 민가의 개를 사냥에
쓴다며 무단으로 끌고 가자

수하를 시켜 몰래 주인에게
돌려보내버리고

잡은 해청을 풀어주기도
했다.

북방으로 떠난 김종서는 세종의 뜻을 받들어 진을 세우고 백성을 이주시키고
야인을 감시하는 등의 일을 빈틈없이 해나갔다.

이때쯤 북방에 대한 세종의 정책 기조가 달라졌음은 앞서 본 바와 같다.

하마터면 불명예 퇴직을 당할 뻔했던 김종서는 형조 판서에 임명되면서 중앙정계로 돌아왔다.

자선당
세종 9년에 처음 지어진 경복궁 내 세자궁으로, 문종은 이곳에서 20년 넘게 지내며 군주 수업을 받았다.
세종 말년에는 병환 중인 부왕을 대신해 정사를 돌보기도 했는데, 이를 위해 세종은 따로 계조당을 지어주었다.

제5장

준비된 임금, 문종

성군을 위한 준비

세자로 있은 지 무려 30년, 스물이 넘어서부터는 세종 곁에서 실무를 배우고, 또 세종을 돕기도 했다.

마지막 8년은 병든 세종을 대신해 정무의 대부분을 직접 처리했다.

타고난 자질,

착실한 세자 수업,

풍부한 행정 경험까지,

조선시대를 통틀어 이보다 더 준비된 임금이 있었을까?

《실록》은 그렇게 준비된 문종의 자질을 이렇게 설명한다.

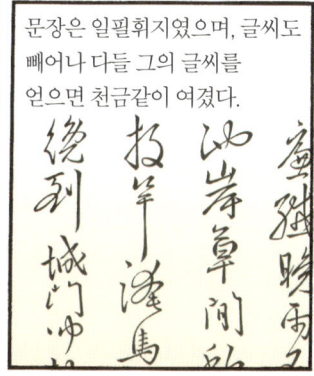

비극의 서막

문종이 요절했다고 알고 있는 사람들이 많다.

문종이 세상을 뜬 건 서른아홉 살 때로 성종보다도 오래 살았다.

그런데도 요절했다는 이미지를 남기게 된 건 재위 기간이 짧았던 데다

어린 단종을 두고 죽었기 때문이리라.

단종이 좀 더 일찍 태어났더라면 뒷날의 비극은 없었을 것을.

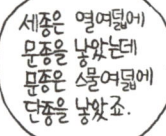  
세종은 열여덟에 문종을 낳았는데 문종은 스물여덟에 단종을 낳았죠.

후사를 얻는 일은 왕실의 가장 중요한 일 가운데 하나. 세종은 세자 나이 열둘에 변계량, 유순도를 불러 세자의 배필을 고르도록 했다.

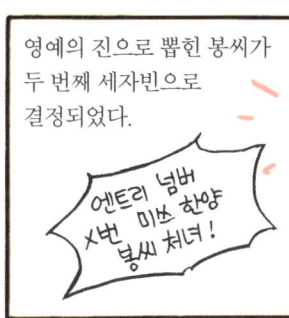

그렇다고 되돌릴 수도 없는 노릇, 둘을 불러 설득하고 타일러봤지만 아무리 지엄한 군주라 해도 부부 문제 개입에는 한계가 있었다.

둘 사이에 아이가 없자 세종은 권씨, 홍씨, 정씨를 세자의 후실로 들여보냈다.

세자는 그녀들, 특히 권씨, 홍씨와는 잘 맞았다.

마침내 권씨가 임신했다는 소식이 있었다.

정실은 아니지만 세자의 첫 아기였으니 왕실의 기쁨은 컸다.

그러나……

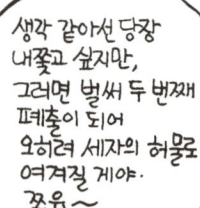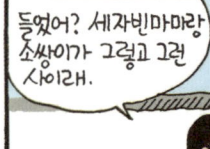

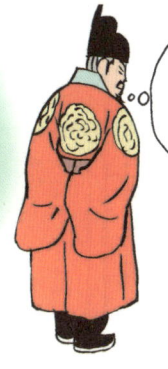

기쁨에 겨운 세종이 대사면의 교지를 발표하는 순간이었다.

말년의 세종

마침내 세종 27년(1445)에 이르러 본격적인 세자 섭정이 시작된다.

신하들도 결국 반대를 접었다.

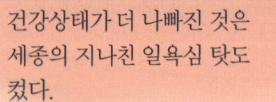

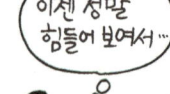

건강상태가 더 나빠진 것은 세종의 지나친 일욕심 탓도 컸다.

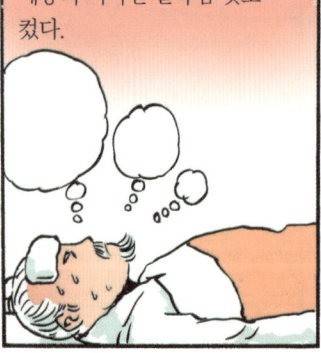

조금만 나았다 싶으면 일을 찾았다. 훈민정음을 만든 것도 이즈음이었다.

186 박시백의 조선왕조실록 04

이전까지의 일들은 비정치적인 분야였지만, 이제 임금을 옆에서 보좌하고 명을 전하는 정치적인 일을 맡게 된 것이다. 그리하여 두 대군은 자연스럽게 정치적 실세로 떠오르게 된다.

그리고 다시 이듬해에는 왕비 소헌왕후가 세상을 떴다.

왕자에게 시집왔다가 예정에 없던 왕비가 됐고, 바로 그 때문에 친정이 몰락하는 것을 지켜봐야 했던 여인,

그러나 끝까지 후덕함을 잃지 않고 내명부를 잘 다스렸으며, 8남 2녀를 낳아 세종이 아무 걱정 없이 국정에 전념할 수 있게 해준 그녀였다.

그러나 기쁨도 잠시, 한 달 남짓 지나 다시 등창이 돋았다.

조정과 백성의 근심이 깊어가는데

세종의 병세가 급격히 악화되었다.

그러고는 손쓸 겨를도 없이 막내아들 영응대군 집에서 눈을 감으니 향년 쉰넷이었고 재위 기간은 31년 6개월이었다.(1450. 2. 17.)

저언하아

아바마마!

세자의 병세는 심각한데 세손은 너무 어리다! 눈을 감는 순간 자신의 실수를 깨달았을까?

수양, 안평, 수양······ 설마!

어린 단종을 남기고

신하들의 비판을 무시한 대표적인 사례는 불교와 관련한 태도였다. 흥천사를 증축하고

중 신미를 좋아하여 침실로 불러들여 법사를 베풀기도 했다.

효성스런 문종은 부왕의 뜻을 존중하여

불교를 믿으신 아버님이시니 불교식으로 모셔드려야지.

많은 예산을 들여가며 대자암을 증축하고 화엄경을 주조했으며 수륙재를 행하는 등의 불사를 벌였다.

아니 되옵니다!!

세종 말년에 제 목소리를 내지 못했던 언관들이 발끈하고 나섰다.

불사는 법으로 금한 일이옵니다.

당장 중지를 명하소서!

세종 후반기 집현전에서 일했던 성삼문, 신숙주, 박팽년, 하위지 등이 본격적으로 정치무대에 등장하기 시작한 것도 이때.

불! 사! 중! 지!

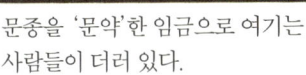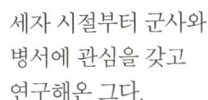

매일같이 활쏘기장을 찾아 관람하고 격려하여 무예에 대한 관심을 불러일으켰다.

문종은 또한 당대 최고의 군사이론가. 병조 참판 황수신이 청하기를,

병사들이 벼슬을 하고 나면 무예를 게을리 합니다. 벌점제를 시행해 게으른 자들을 경계하소서.

게으른 자에게 벌점을 주는 것보다 열심인 자에게 가산점을 주는 게 낫소. 그러면 다투어 훈련에 힘쓸 것이오.

그게… 좋겠습니다.

즉위 이듬해 문종은 직접 진법을 저술해

수양대군, 김종서, 정인지에게 교정하도록 한 다음

편찬하니, 오행사상에 기초한 《신진법》이다.

- 병력 편제
- 결진 (結陣)
- 용병
- 군령
- 장표 (의장 등)
- 전투 훈련

이《신진법》의 오위진법 이론에 따라 군사조직도 기존의 12사 체제에서 5사 체제로 개편하니, 이는 조선 전기 군사조직의 기본체계가 되었다.

그 밖의 분야에선 문종만의 개성이 별로 눈에 띄지 않는다.

문종식 정치가 자리 잡히기엔 재위기간이 너무 짧았다.

잊을 만하면 재발하는 종기,

세손을 세자로 바꿔 책봉했지만, 자신의 건강과 세자의 어린 나이가 아무래도 걱정이었다.

걱정의 중심엔 아우 수양대군이 있었다.

그가 지닌 정치적 힘과 거침없는 기질, 그리고 언뜻언뜻 내비치는 야심이 두려웠다.(이에 대해서는 제5권 23~31쪽 참조.)

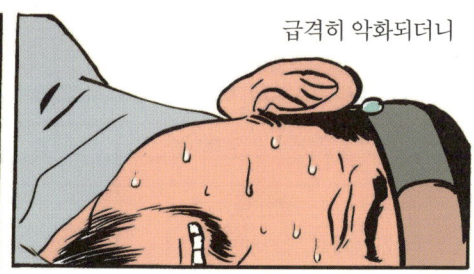

30년 넘게 세자로 있으면서 갈고 닦은 솜씨를 제대로 펴보지도 못한 채 용상을 비웠다.

소식을 접한 신하와 백성은 세종 때보다 더욱 슬퍼했으니,

쯧쯧 몇 년만이라도 더 사시지.

별일 없어야 할 텐데...

훌쩍

불쌍해서 어쩌누?

나이 어린 세자 때문이었다.
할아버지도 할머니도 아버지도 어머니도 없다!
아직 결혼 전이니 부인도 처가도 없다!!
그렇게 혈혈단신 열두 살 단종은
왕위에 올랐다.

제5장 준비된 임금, 문종 201

작가 후기

《세종·문종실록》은 너무 오랜 시간이 소요되고 말았다. 재임 기간이 길어서《실록》의 분량이 방대한 데다, 세종이 이룬 업적들 또한 엄청났기 때문이다. 쏟은 고생이 많았던지라 탈고함으로써 얻게 되는 뿌듯함도 더욱 크다.

세종은 너무나 신격화된 대상이다. 4권을 시작하며 내심 세종에게 인간의 모습을 되찾아 주리라는 목표를 세웠다. 달리 말하자면 뭔가 흠을 찾아내어 세종을 '인간답게' 그려봐야 하는 것이었다. 확실히 세종도 여러 흠을 가진 지도자였다. 책상물림 같은 면도 보이고 사대와 관련한 태도도 기대에 영 못 미쳤다. 그럼에도 세종은 생각했던 것, 알아왔던 것보다도 더 큰 거인이었다. 원대한 비전과 이의 실현을 위해 사람들을 배치하고 지휘, 격려하며 실현해나가는 모습은 경이로울 정도였다. 한두 가지의 일도, 한두 분야의 일도 아닌 다방면의 전혀 새로운 일들을 그렇게 무서운 뚝심으로 이루어나갔다. 오늘의 눈으로 보면 훈민정음의 창제가 최고의 업적이겠지만, 당시의 눈으로 보면 그것은 세종이 이룬 숱한 창조의 작은 일부일 뿐이지 않은가?

  황희에 대한 기록들은 무척 흥미로웠다. 그동안 알아왔던 이미지와는 너무도 다른 모습들이 생생한 사건 기록을 통해 펼쳐지자 조금 어이없기까지 했다. 이렇게 많은 명백한 기록들이 있는데 왜 우리는 그동안 몇몇 단편적인 야사의 기록을 통해 황희를 규정했을까? 황희만이 아니다. 다른 인물들이나 주요한 역사적 사건들에 대해서도 《실록》의 구체적인 기록보다는 야사의 이야기가 지나칠 정도로 대접받고 있는 현실이다. 야사라고 무조건 무시되어서야 안 되겠지만, 선조들이 수백 년에 걸쳐 남긴 위대한 유산인 《실록》은 제쳐두고 야사의 단편적 이야기들 위주로 당시와 그때의 사람들을 논한다면 곤란하지 않을까?

《세종·문종실록》 연표

1418 세종 즉위년

8.23 상왕(태종)이 심온을 사은사로 보내는 게 좋다고 말하다.
8.25 상왕이 병조 참판 강상인을 불러 상아패와 오매패는 어디에 쓰는 패인지를 묻다. 이어 의금부를 불러 강상인이 군사에 관한 일을 자신에게 의논하지 않은 데 대해 국문케 하다.
8.29 상왕이 강상인을 고향으로 내치다. 이후에 병조에서는 군무를 상왕께 보고해 명을 받고 이행한 후 임금에게 아뢰겠다고 다짐하다.
9. 3 상왕의 주장에 따라 심온을 영의정으로 임명하다.
9. 9 병조 판서 박습과 강상인의 녹권과 직첩을 거두다.
9.14 박습은 경상도 사천에 유배, 강상인은 함경도 관노로 보내다.
10. 9 왕의 건강을 위해 상왕이 사냥을 권하다.
11. 3 상왕이 강상인의 일을 재론하며 다시 불러 국문하게 하다. 완공된 상왕전의 새 궁을 수강궁이라 칭하다.
11.10 중전 심씨를 왕비로 책봉하다.
11.20 의정부에서 강상인을 신문하다. 세종이 부자 사이에 이같이 간사한 신하가 있으니 제거하지 않을 수 없다며 끝까지 신문하게 하다.
11.23 연일 압슬형을 받은 강상인이 마침내 군사는 마땅히 한 곳으로 돌아가야 한다는 말을 영의정 심온과 나누었다고 진술하다. 박습도 이를 인정하는 진술을 하다. 상왕은 이제야 진상이 드러났다고 말하다.
11.25 상왕이 병권을 놓지 않는 것은 왕위를 잊지 못해서가 아니라 주상을 후원하기 위한 것이라고 하다.
11.26 강상인에게 거열형을 내리다.
11.29 상왕이 심온의 일로 며느리인 중전을 폐하지 않겠다는 뜻을 분명히 하다.

1419 세종 1년

1.30 양녕대군이 편지만 남기고 사라지다. 어리가 자살하다.
2. 1 양녕대군이 돌아온 후 상왕이 양녕대군을 불러 꾸짖다.
2. 3 상왕이 이후로는 양녕대군을 의정부에 회부하든 6조에 회부하든 관여하지 않겠다고 말하다.
4.12 길재가 졸하다.
5. 7 충청도 비인현에 왜적이 침입하여 우리 병선을 불태우고 민가를 노략질하다.
5. 9 상왕이 임금에게 황희의 죄는 가볍다고 말하다.
5.13 왜선들이 해주 연평곶에 몰려와 식량을 요구하고 노략질했다는 보고가 올라오다. 상왕이 대마도 공격을 결심하다.
5.14 이종무를 삼군 도체찰사로 삼고 동정군을 편성하다.
6. 4 각 도의 왜인들을 억류하자, 이에 자살한 왜인만 136명이 되다.
6. 9 상왕이 대마도 정벌에 관한 포고를 내리다.
6.20 대마도에 도착해서 성과를 올리다.
6.21 허조가 백성의 수령 고소를 금하는 법을 만들 것을 청하다.
6.29 대마도에 상륙하여 토벌하려다 역공을 당해 피해를 보다.
7. 3 원정군이 돌아오다.
8.16 대마도에서의 패배를 둘러싼 논란이 일다.
9.19 경연에서 왕이 《고려사》가 사실과 맞지 않은 곳이 많다며 고쳐야 한다고 말하다.
9.26 노상왕(정종)이 훙하다.
11. 1 이종무를 대마도에서의 실패가 아닌 다른 이유를 씌워 하옥시키다.
12.20 양녕대군이 남의 첩을 빼앗으려 한다는 광주 목사의 보고가 올라오다.

1420 세종 2년

1. 3 상왕이 낙천정에 행차하려다 왕이 말려 그만두다. 이날은 정종의 장례 날이었다.
1. 4 은병 같은 것이 동북쪽에서 일어나 서남쪽으로 들어가면서 우레 같은 소리를 내다.
윤1. 9 나라에서 쓰는 물건은 다 저화로 사고팔도록 하다.
3.16 집현전을 출범시키다.
6. 5 상왕이 이종무를 용서하다.
6. 6 대비(원경왕후 민씨)의 병이 악화되자 세종이 양녕, 효령과 함께 대비를 모시고 개경사에 가서 피병하다.
7. 2 대비가 창덕궁으로 돌아오다.
7.10 대비가 56세의 나이로 훙하다.
7.11 대비의 장례와 관련하여 최복을 벗는 문제와 능 곁에 절을 짓는 문제에 대해 세종이 고집을 꺾지 않다.
7.22 상왕과 백관이 최복을 벗다.
9.13 허조가 아랫사람이 윗사람을 고발하지 못하게 해달라고 청하다.
9.18 상왕의 강권에 따라 세종이 이날에야 최복을 벗다.
10.11 상왕이 공비(중전)를 칭찬한 내용을 세종이 소개하다.

1421 세종 3년

1.12 원자의 나이가 여덟 살이 되어 《소학》을 가르치게 하다.

2.18 상왕에 대해 "놀기 좋아한다,
우왕의 꼴이 날 것이다."라는 불경한
말을 한 임군례를 저잣거리에서 백관이
지켜보는 가운데 다섯 수레로 거열하다.
3. 9 이방간이 병으로 졸하다.
3.14 연화방 어귀에 별궁을 지을 것을 명하다.
3.24 동판을 잘 만들어 인쇄 속도를 크게
개선한 주자소에 술 120병을 내리다. 아울러
《자치통감강목》을 인쇄하라고 명하다.
5.18 변계량이 상왕의 명에 따라《진설》을
만들어 올리다. 이에 의거하여
진법 훈련을 하게 하다.
5.20 세종이 변계량을 불러《진설》중
몇몇 부분에 대하여 문제 제기를 하다.
9.12 상왕을 태상왕이라 존숭하다.
10.26 원자 이향이 책봉받는 의식을
연습하다.
10.27 인정전에서 이향을 세자에 책봉하다.

1422 세종 4년

1. 1 일식이 있었다. 일식 시간을 1각을
앞당겨 추산한 이천봉에게 곤장을 명하다.
2.12 황희를 돌아오게 하다.
3.21 천달방에 새 궁궐이 마련되다.
5. 9 박은이 졸하다.
5.10 연화방에서 태상왕 태종이
56세로 훙하다.
10.22 양녕대군이 이웃에 좋은 개가 있자
몰래 훔치게 하다.
12. 4 저화 유통이 많은 폐단을
일으키나 태종이 만든 법이란 이유로
쉬이 고치지 못하다.
12.24 양녕대군과 통한 김한로를
연기에 옮겨 안치하다.

1423 세종 5년

2.10 당나라의 선명력, 원나라의 수시력 등
서적의 차이점을 바로잡고 서운관에
내려 감수하게 하다.
2.23 여자가 말을 타고 대궐문을 출입하는
것을 금하다.
3.11 양녕대군의 계속되는 말썽과
대신, 대간들의 처벌 요청에 양녕대군을
청주로 보내기로 하다.
3.17 제생원 의녀 중 젊고 총명한
3~4인을 골라 가르쳐 문리를 통하게 하다.
6.24 집현전 관원에게 사관을 겸하게 하다.
8. 1 명나라가 달달(북원) 정벌을 위해
말 1만 필을 요구하다.
8.19 명나라에 보낼 화자 30인을 뽑다.
10. 3 찰방(어사)을 각 도에 파견하여
수령의 비리를 수집하게 하다.
10. 8 재인과 화척을 백정으로 고쳐 부르게
하고 일반 서인들과 섞여 살게 하다.
11.22 도병마사를 도절제사로 바꾸다.
12. 4 의녀를 늘리기 위해 지방 관비 중
각 도에서 2명씩 선발해 제생원에서
교육한 뒤 내려보내기로 하다.
12.23 세종의 독서 태도와 기억력 등에
대해 기록하다.
12.29 유관과 윤회에게《고려사》를 고쳐서
바로잡으라고 명하다.

1424 세종 6년

1.29 영의정 유정현의 고리대에 대해
효령대군이 꾸짖다.
2.10 양녕대군을 이천으로 돌아오게 하다.
2.17 병조 참의 유연지 등이 말 값을
받아 요동에서 돌아오다.
4. 5 조계종·천태종·총남종은 선종으로,
화엄종·자은종·중신종·시흥종은
교종으로 불교를 통폐합하다.
양 종 각각 18개 절만 남겨 소속하게 하다.
8.11 윤회가《고려사》를 올리다.

11.29 세종이 함길도절제사 하경복에게
더 머물러 있기를 바라는 글을 보내다.
12. 9 세종이 평안도절제사 최윤덕에게
더 머물러 있기를 바라는 글을 보내다.

1425 세종 7년

2. 2 수령 고소 금지법의 폐지를 요청하는
좌사간 유계문 등의 상소가 올라오다.
3.29 변계량과 유순도로 하여금
왕세자의 배필을 고르게 하다.
6.16 경시서 제조 유정현의 피도 눈물도 없는
화폐 정책 집행으로 백성이 고통을 받다.
윤 7.19 왕세자를 시켜 명나라 사신의
하마연을 주관케 하다.
사신들이 왕세자를 찬미하다.
10. 9 허조가 명나라의 후궁 순장에 대해
비판하다.
10.15 세종이 종묘 제사 때 향악이
아닌 당악을 먼저 연주하는 것에 대해
문제를 제기하다.
11.27 왕세자와 함께 동교에서 활과
포의 성능을 실험하다.
11.29 집현전 선비들에게 사학을
연구하게 하다.

1426 세종 8년

2. 8 황희와 허조 등이《속육전》을 올리다.
3.12 나이가 어린 여자와 반찬을 만들 줄
아는 여종을 보내라는 명나라 황제의
요구에 의해 진헌색을 설치하다.
5.13 황희가 우의정에 제수되다.
5.15 유정현이 졸하다.
5.18 심온의 아내와 자녀들에게
직첩을 돌려주다.
5.19 양녕대군에게도 과전을 돌려주고
녹봉을 지급하도록 하다.

11.7 국무당을 혁파하라는 사간원의 주장에
반대하다.

12.11 권채 등 3인에게 처음으로
사가독서를 하도록 하다.

1427 세종 9년

4.4 사대부의 혼례에 사치를
금하도록 하다

4.9 김오문의 딸을 세자빈으로
삼다. (휘빈)

5.1 한영정의 막내딸이(한확의 여동생)
명나라에 보낼 처녀로 뽑히다.

5.15 악학별좌 봉상판관 박연이
석경을 새로 만들어 올리다.

6.17 황희가 사위 서달의 살인 사건으로
곤란을 겪다.

8.17 음부 유감동의 사건이 일어나다.

10.13 왕세자가 황제를 만나기 위해
명나라로 떠나다.

11.3 《강목통감》을 인쇄하다.

1428 세종 10년

윤 4.13 세종이 함길도와 평안도의
낙후한 농법을 거론하며 늙은 농부에게
물어 이모작법 등을 담은 농서를 만들어
올리라 명하다.

5.14 의화궁주 안씨가 졸하다.

6.14 황희의 뇌물 사건이 일어나다.
황희가 눈물로 호소했으나 세종은
뇌물 사건이 사실임을 알다.

7.12 종학을 세워 종실의 자제들로 하여
배우게 하다.

1429 세종 11년

2.5 사헌부의 계에 따라 금령의 조문을
요약하여 광화문 밖 등지에 내걸게 하다.

3.22 봉상시와 아악서의 악공과 무녀를 애초
200명에서 350명으로 늘리다.

4.12 북경에 갔던 진헌사 한확이
일곱 처녀들의 편지와 자른 머리카락을
가지고 돌아오다.

5.16 정초가 《농사직설》을 찬술하다.

7.16 갈수록 늘어나는 명나라 사신들의
무리한 물품 요구가 이어지다.

7.18 동궁의 시녀 호초를 가두고
휘빈 김씨를 사저로 내쫓다.

11.12 명나라 황제가 해청 등 요구하는
물품을 구체적으로 적어 보내다. 이를
근거로 사신들의 무리한 요구를
물리칠 수 있게 되다.

11.29 명나라 황제가 금은세공의
조공을 면제했다는 보고가 올라오다.

1430 세종 12년

1.29 대언사(뒤의 승정원)에 명해
양녕대군과 관계된 소는 아뢰지 말게 하다.

2.14 《농사직설》을 여러 도의 감사, 수령
등에게 보내주며 농사에 힘쓰도록 이르다.

4.24 변계량이 졸하다.

4.28 옥을 깨끗이 하도록 형조에 전교하다.

8.3 정초가 수시력법을 연구하여
밝혀낸 뒤로는 일식, 월식, 별의 운행에
대한 계산에서 오차가 줄어들다.

9.11 세종이 아악 일변도에 대해
문제를 제기하다.

10.19 관가의 노비에게 산후 휴가를 100일
더 주게 하다.

10.23 계몽산을 배우다.

윤 12.21 《아악보》가 완성되고
정인지가 서문을 쓰다.

1431 세종 13년

1.30 왕세자의 비대해지는 몸과
수줍어하는 성격을 거론하며 강무에

데리고 가겠다고 하다.

3.2 역법 교정을 위해 사역원 주부
김한, 김자안 등을 선발하여 명나라로
보내 산법을 배우게 하다.

3.8 이색, 정몽주, 길재, 하륜, 권근
등을 평하다.

3.20 《태종실록》을 보고자 했으나
신하들의 반대로 보지 않다.

5.4 양녕대군에 대해 미안함을 말하고
앞으로는 양녕대군을 서울에 불러 두고
만나보며 형제의 정을 다하겠다고 하다.

7.11 정초가 역법 교정의 일을 맡은 지
이미 여러 해인데, 함께하는 이들이
무능하다며 정인지를 보내달라고 청하여
승낙을 받다.

7.13 사대부의 부녀가 무당 집에
출입하는 것을 금하다.

7.17 무당들을 성 밖에 모여 살게 하고
부녀자의 출입을 금하다.

8.18 김종서에게 자신의 병을
이야기하다.

8.19 명나라 사신들이 해청과 토표를
잡을 군사를 거느리고 오다.

9.8 교하 수령에게 토지를 받고 그의
아들에게 벼슬을 준 혐의로 좌사간
황희의 파면을 요구하는 상소가 올라오다.
지신사 안숭선과 함께 하륜, 박은,
이원 등과 비교하며 황희를 평하다.

1432 세종 14년

1.19 맹사성, 권진, 윤회 등이
《팔도지리지》를 올리다.

2.10 우리나라의 외환은 북방에
있다며 병조로 하여 미리 연대, 화포 등을
준비케 하다.

2.14 효령대군이 7일 동안 한강에서
초호화 수륙재를 열다.

3.11 과거에 책을 숨기고 들어와
몰래 보다 발각된 생도들의 응시를
1~2년 정지케 하다.
5.28 소 1만 마리를 바치라는 명나라
황제의 칙서가 오다.
6.9 김종서에게 최윤덕의 사람됨을 묻다.
10.25 왕세자에게 활쏘기를 통해 기력과
체질을 기르도록 이르게 하다.
11.20 해청을 잡고서도 이후의 폐단이
될까 봐 해청이 아니라며 놓아버린
이징옥의 직첩을 거두고 외방에 부처하다.
12.9 야인 400기가 여연군에 쳐들어와
사람과 마소를 끌고 가다.

1433 세종 15년

1.1 근정전에 나가 회례연을 베풀었는데
처음으로 완비된 악기로 아악을
연주하고, 중국의 편경과 박연이 새로
만든 편경을 비교 시연하다.
1.4 황희 등이 새로 편찬한
《경제속육전》을 올리다.
1.11 야인을 칠 것을 결심하고 의논을 거쳐
최윤덕을 도절제사로 삼다.
3.5 사람이 죄에 빠지는 것은 그 법을
잘 모르기 때문이라며 《육전》의 조속한
인쇄와 반포를 지시하다.
3.7 현지에 다다른 최윤덕의 보고를
접하고 그의 의견에 기초하여 정벌군의
규모와 기본작전을 수립하다.
5.7 최윤덕이 작전이 성공했음을 보고하다.
5.16 최윤덕을 우의정에 임명하다.
6.11 《향약집성방》을 완성하고,
권채로 하여 서문을 쓰게 하다.
7.3 최양선이 승문원 자리가 주산이라며
창덕궁을 승문원 자리로 옮길 것을 주장하다.
이후 허황된 말을 한 최양선을 죄주라는
주청과 풍수학에 대한 논쟁 등이 이어지다.

8.11 대제학 정초, 중추원 지사 이천, 제학
정인지, 응교 김빈 등이 혼천의를 올리다.
9.16 황희와 맹사성에게 장영실의 재주와
그가 만든 자격루의 정교함에 대해 말하며
호군의 관직을 주겠다는 의사를 밝히다.
9.22 지신사를 도승지로,
대언을 승지로 개칭하다.
12.18 김종서를 함길도로 보내다.

1434 세종 16년

1.6 김종서의 의견을 좇아 진을
설치하고 사민정책을 실시하기로 하다.
4.26 사역인의 아내가 아이를 낳으면
그 남편에게도 30일간의 육아 휴가를
주도록 하다.
7.2 이천에게 강요하다시피 하여
마침내 갑인자를 완성하다.
12.11 《자치통감훈의》를 직접 교정하다.

1435 세종 17년

4.13 함길도 도절제사 김종서가 병든
어미를 뵈러 잠시 서울로 돌아오다.
4.26 명나라에 보내졌던 처녀 종비,
창가비, 집찬비 등 53명이 돌아오다.
6.8 《자치통감훈의》가 완성되어
찬집자들에게 잔치를 베풀다.

1436 세종 18년

10.16 북방의 국경과 관련하여 세종이
"조종께서 이미 정한 국경을 버릴 수 없다."고
확고한 입장을 나타내다.
10.26 왕세자의 두 번째 부인인
봉씨를 폐출하다.
12.28 권 양원을 왕세자빈으로 삼다.

1437 세종 19년

1.9 왕세자에게 일부 업무를 맡길

뜻을 비치다.
3.27 왕세자에게 일부 정사를 맡기려
했으나 대신들의 반대로 그만두다.
4.15 별시계인 '일성정시의'가 만들어지다.
5.20 김종서의 계속된 주장을 받아들여
(두만강 이북지역의) 야인 토벌계획을
세우도록 지시했으나 실제로
실행되지는 않다.
6.3 광평대군과 금성대군에게 이방번,
이방석의 후사를 잇게 하다.
7.18 이천에게 다시 야인을
정벌하도록 지시하다.
9.22 이천이 승전보를 전하다.

1438 세종 20년

1.7 장영실이 경복궁 침전 곁에
흠경각을 완성하여 옥루기를 설치하다.
3.2 《태종실록》을 보려다 황희 등의
반대로 그만두다.
4.28 각종 병을 거론하며 왕세자에게
서무의 일부를 맡기는 문제를 제기하다.
10.4 맹사성이 졸하다.
11.14 김종서가 사직을 청했으나
허락하지 않다.

1439 세종 21년

6.21 세종이 병을 말하며 왕세자로 하여금
강무를 대행케 하겠다고 말하다.
신하들이 완강히 반대하다.
11.12 박호문의 허위 보고로 김종서에 대한
의심을 갖게 되다.
12.28 허조가 졸하다.

1440 세종 22년

1.17 김종서가 글을 올려 자신을 둘러싼
풍문에 대해 해명하다.
7.5 김종서의 범찰에 대한 처리에

실망하고 교체하기로 하다.
7.19 김종서가 다시 의혹에 대한 세세한 해명서를 황보인 편에 보내다. 이를 믿고 박호문을 국문하다. 단, 범찰에 대한 처리는 실책임을 분명히 하다.
10.12 황희의 아들들이 도둑질 행각을 벌이다.

1441 세종 23년

7.23 왕세자빈 권씨가 원손을 낳다. 이에 대사면의 교지를 발표하는데 대촉이 땅에 떨어지다.
8.18 외방 고을에 측우기를 설치케 하고, 한강에 수표를 세워 수량을 측량케 하다.

1442 세종 24년

3.16 장영실이 만든 안여가 부서지다.
5. 3 장영실에게 곤장을 치고 직첩을 회수하다.
6.16 눈병으로 왕세자에게 정무를 보게 하겠다고 이르다.
7.28 첨사원을 왕세자 밑에 두어 사무를 처리하게 하다.
9. 3 가을 강무를 왕세자가 대신토록 하다.
9.13 첨사원에 서리 10인을 두다.
10. 7 왕세자가 강무를 대행하다.
11.19 종묘 일을 왕세자가 대행케 하고, 모든 일을 임금이 친히 하는 예에 의거하도록 하다.
12. 9 왕세자가 종묘 납향을 대행하다.

1443 세종 25년

4.17 세 차례의 대조하와 1일, 16일 조참은 직접 받을 것이나 그 외의 조참은 왕세자가 남면하여 받고 백관은 '신'이라 일컫게 하다.
5.12 왕세자가 조회를 받는 집을 건춘문 안에 짓고 '계조당'이라 칭하다.

12.30 임금이 친히 언문 28자를 짓다.(훈민정음 창제)

1444 세종 26년

2.20 새 글에 반대하는 최만리 등의 소가 올라오다.
11.13 전분 6등급, 연분 9등급으로 나눈 조세제도를 마련하다.
12. 7 광평대군 이여가 졸하다.

1445 세종 27년

1.16 평원대군 이임이 졸하다. 짧은 간격을 두고 두 아들이 죽어 세종 내외의 상심이 크다.
2.11 진양대군을 수양대군으로 고쳐 부르게 하다.
3.30 화포 개량의 과정과 성과를 기록하다.
4. 5 권제와 정인지 등이《용비어천가》를 올리다.
5. 1 군국의 중요한 일을 제외하고는 일체 왕세자가 맡아 처리하도록 하다.
5.17 왕세자가 비로소 서무를 재결하기 시작하다.
10.27《의방유취》를 완성하다.
12. 5 최윤덕이 졸하다.

1446 세종 28년

3.24 중전 소헌왕후 심씨가 훙하다.
9.27 곡, 두, 승, 홉 체제를 다시 정하다.
9.29 훈민정음을 반포하다.
12.26 이후로 이(吏)과의 취재 때에는 훈민정음도 아울러 시험을 보게 하다.

1447 세종 29년

6.19 선종, 교종의 주지를 뽑을 때 3명을 뽑아 이조에 보고하여 1인을 임명하게 하고 임기는 30개월로 하다.

9.29《동국정운》을 완성하다. 신숙주가 서문을 짓다.

1448 세종 30년

3.10 악학제조로서 사사이이 악공을 데리고 영업행위를 한 죄 등으로 박연을 파직하다.
4. 3 원손 이홍위를 왕세손으로 삼다.
7.17 문소전 서북에 불당을 지어 중 7인이 지키게 하도록 하다.
이에 대신, 대간이 모두 반대하다.
황희도 반대하며, 성균관 생도들은 동맹 휴학을, 집현전은 동맹 휴직을 하다.
12. 5 불당이 완성되어 경찬회를 5일 동안 베풀다.
수양대군과 안평대군이 적극 관여하다.

1449 세종 31년

1.28 김종서, 정인지 등에게《고려사》를 고쳐 펴내도록 하다.
7.12 대전을 왕세자에게 넘겨주려다 신하들의 완강한 반대로 포기하다.
8. 1 요동으로부터 지난 7월 20일에 몽고 세력인 야선(에센)이 이끄는 오이라트족이 장성을 넘어 명나라를 공격해서 병사 1천 명과 말 8천 필을 사로잡아갔다는 급보가 도착하다. 김종서를 도절제사로 삼고 전군 총동원령을 내리다.
8. 3 김종서가 현지로 떠나다.
8.12 몽고 군대가 여진인과 고려인에게는 우호적이라는 것과 기세가 한풀 꺾였다는 요동의 보고를 접하고 비상경계령을 한 등급 내리다.
10.25 왕세자의 등창으로 여러 신하를 명산대천과 사당, 절에 나누어 보내 빌게 하다.
11.14 왕세자의 병으로 세종이 직접 서무를 결재하다.

11.15 왕세자의 종기근이 빠져나오다.
12.11 신약의 곡들은 모두 임금이
막대기로 땅을 두드리는 것으로 음절을
삼아 하루저녁에 제정하다.
12.25 왕세자에게 또 종기가 나서 신사와
절에 기도하게 하다.

1450 세종 32년

1. 5 말 2~3만 필을 청하는 명나라 황제의
칙서가 오다.
윤 1. 1 임금과 왕세자의 병 때문에
수양대군이 명나라 사신에 대한 하마연을
베풀다.
윤 1.11 수양대군이 태평관에서 사신들에게
잔치를 베푸는데 사신들이 안평대군에게 글
씨를 청하다. 이에 수십 폭을 써주다.
2. 4 왕세자와 함께 영응대군의 집으로
이어하다.
2.17 세종이 훙하다.

1450 문종 즉위년

2.19 대신들이 종기를 염려하여 물러나
조섭하기를 청했으나 응하지 않다.
2.23 면복 차림으로 즉위하다. 슬피 울어
옷소매가 다 젖다.
2.24 김종서가 평안도에서 돌아와 곡하다.
3.10 세종의 존호(영문예무인성명효
대왕)와 묘호(세종)를 확정하다.
4.19 말을 보내지 않아도 되겠다는
명나라 황제의 칙서가 오다.
5.29 세종을 위한 불사에 장령
하위지가 반대하다.
6.10 세종을 영릉에 장사지내다.
7.20 왕세손을 왕세자로 고쳐 책봉하다.
9.28 임금의 문장 솜씨를 기록하다.
10.12 문과에서 권람 등 33인을 뽑다.
10.20 정인지가 불교를 좇지 말 것을 청하다.

12.15 김종서가 도체찰사가 되어 떠나다.
12.29 대사헌 안완경 등이 부친상
빈소에서 아우 이징옥을 폭행한 사건으로
이징석을 죄줄 것을 청하다.

1451 문종 1년

1.22 통사 김신이 몽고 세력이 조선을
노리지 않을 것이라는 요동 왕대인의
분석을 요동에서 보고하다.
2.13 임금이 직접 설계하고 임영대군이
감독하여 화차를 만들다.
5. 9 함길도관찰사가 가난하고 아내가
죽은 지 오래여서 옷바라지를 할 이가 없는
함길도절제사 이징옥의 상황을 알리는
통서를 보내다. 이에 의복 세 벌을 하사하다.
5.21 《어제신진서》를 수찬하다.
6.19 친히 《신진법》을 완성하고 수양대군과
김종서, 정인지에게 교정토록 하다.
7. 2 기존의 12사를 고쳐 5사로 만들다.
8. 5 심온의 자손들에게 벼슬길을 열어주다.
8.20 김종서 등을 시켜 새 진법에
따라 열병을 행하도록 하다.
8.25 김종서 등이 새로 편찬한
《고려사》를 바치다.
9.26 수양대군이 사헌부가 호송하는
중을 마음대로 풀어주다.
10. 1 좌성언 용봉이 월권한 수양대군에게
죄줄 것을 청하다.
10.27 영의정에 황보인, 좌의정에
남지, 우의정에 김종서를 임명하다.

1452 문종 2년

2. 8 황희가 졸하다.
4.13 함길도 병마도절제사 이징옥에게
숭정대부(종1품)의 품계를 더하다.
무신 중 제일이라는 평이 있다.
4.27 수양대군을 관습도감 제조로 삼은 데

대해 사간원이 조종의 법에 종친에게
일을 맡기지 않게 되어 있다며
반대했으나 듣지 않다.
5. 3 다시 종기가 나서 정무 일체를 정지하다.
5.14 문종이 훙하다.

조선과 세계

	조선사		세계사
1418	세종 즉위		베트남, 명의 지배에 저항운동 시작
1419	상왕 태종이 왜구 본거지인 쓰시마 섬 정벌		신성로마제국, 후스 전쟁
1420	집현전 확대 개편		영국, 헨리 5세, 프랑스 왕녀와 결혼해 프랑스 왕위계승권 인정받음
1421	변계량 《고려사》 편찬		명, 난징에서 베이징으로 천도
1422	태종 사망		프랑스, 백년전쟁 재개
1423	재인이나 화척을 백정으로 개칭		명, 영락제가 또다시 타타르 정벌
1424	물시계 경복궁에 설치		오스만튀르크, 콘스탄티노플을 제외한 전 동로마 영토 점령
1425	주자소, 《장자》 간행		명, 홍희제 사망, 선덕제 즉위
1426	《정종실록》 편찬		일본, 사카모토의 바샤쿠가 교토에 난입
1427	예조에서 여자는 14세에서 20세 이내에 혼인시키도록 함		명, 베트남의 독립 승인
1428	황희의 뇌물 사건		베트남, 명을 국토에서 축출
1429	《농사직설》 저술		프랑스, 잔 다르크에 의해 전세 역전
1430	《아악보》 완성		일본, 부채상각법 제정
1431	광화문 완공		프랑스, 잔 다르크, 영국군에 의해 화형당함
1432	《팔도지리지》 편찬		포르투갈, 엔히크 왕자의 탐험대가 아소르스 제도 발견
1433	북방에 4군과 6진 개척		포르투갈, 리스본으로 수도 옮김
1434	장영실, 자격루 발명		이탈리아, 메디치 가문의 피렌체 지배
1435	화약무기 비격진천뢰 발명		명, 선덕제 사망, 정통제 즉위
1436	주자소, 《이백시집》 간행		유럽 안드레아 반코, 위도와 경선을 도입한 지도 제작
1437	주야 측후기 일성정시의 완성		일본, 오치, 규슈 평정
1438	장영실, 자동 물시계 옥루 제작		신성로마제국, 합스부르크가가 황제 세습
1439	여진족의 상경을 제한		일본, 에이쿄의 난 평정
1440	김종서를 중앙 정계로 복귀시킴		이탈리아, 피렌체에 플라톤아카데미 설치
1441	서운관 등에 측우기 설치		포르투갈, 흑인 노예 무역 시작
1442	왜선의 무역제도 개정		프랑스, 가스코뉴를 영국으로부터 탈환
1443	훈민정음 창제		알바니아, 발칸반도 남서부에 독립 정부 수립
1444	최만리, 훈민정음 반포 반대 상소 올림		오스만튀르크, 바르나 전투
1445	사표국에서 염초 제조 실험		이탈리아, 프라 안젤리코, 〈수태고지〉 그림
1446	《훈민정음》 반포		스위스, 신성로마제국으로부터 독립
1447	안견, 〈몽유도원도〉 그림		잉글랜드, 한자동맹의 특권을 없앰
1448	연분9등법 실시		신성로마제국, 교황에게 굴복
1449	《석보상절》과 《월인천강지곡》 간행		프랑스, 백년전쟁 재개
1450	세종 사망, 문종 즉위		구텐베르크가 유럽에서 처음으로 금속활자 인쇄술 창안
1451	황해도와 경기도 등지에 전염병이 크게 번짐		오스만튀르크, 메흐메트 2세 즉위
1452	문종 사망		레오나르도 다 빈치 출생

Summary
The Veritable Records of King Sejong and Munjong

Advent of the Golden Age

Sejong was enthroned by the abdication of his father, Taejong, after his eldest brother, Prince Yangnyeong, was stripped of the title of crown prince. However, the early years of Sejong's reign reflected the abdicated king's policies. Sejong attracted a new generation of scholars by revitalizing the Hall of Worthies, and gained the cooperation of the older generation of ministers by bringing Hwang Hui out of exile and inviting him back to court.

After Taejong's death, Sejong launched his political agenda. Respecting but still departing from Taejong's political approach, Sejong refrained from political retaliation that caused bloodshed. Sejong had a passion for scholarship and valued discussions; with an outstanding memory and natural intelligence, he gained expertise in diverse fields, and could accordingly command his Confucian scholar officials. Continuously working through ideas and advancing new plans, Sejong strengthened his position in a firm yet unassuming way.

Sejong not only made great strides in numerous fields that focused on real-world needs—technology, agriculture, medical science, military affairs, and music, to name a few—but he also promoted Confucian constitutionalism and welfare, which is credited with bring forth the Golden Age.

In 1443, Sejong created an unprecedented and original character system, the Hunminjeongeum. Created for the people, this system was a gift for future generations of Koreans.

Sejong is one of the most revered monarchs in Korean history, and he is remembered as the peerless sage king of the millennium.

Munjong, who trained for thirty years as crown prince, showed great potential to succeed his father and perpetuate the Golden Age as a second sage king; however, he became ill and died before he could fulfill his reign.

The Veritable Records of the Joseon Dynasty

In the Joseon Dynasty, there were always officials who followed and monitored the king. They slept in the room adjacent to where the king slept, and they attended every meeting the king held. The king could not go hunting or meet a person secretly without these officials being present.

Total of eight officials, relatively low-ranking ones whose grades ranged from Jeong 7th to Jeong 9th, were called 'Sagwan,' and in rotation they observed and recorded all the details of daily events that involved the king, things that the king said, and things that happened to him. The authority and confidentiality of these officials were guaranteed by the system, and their work was not to be intervened or interrupted by others. The drafts created by them were called 'Sacho.' Even the king was not allowed to read those drafts, and the compilation process only began after the king's death.

When the king passed away, the highest ranking governmental official would be appointed as the chief historical compiler. A research team would collect all the drafts and relevant supporting materials, select important records with historical significance, and organize them in a chronological order. The finished product was usually called 'Sillok,' which means veritable records.

These "Annals" were created under strict regulations and protocols. Total of five sets were published. One set was kept in the king's palace, and the rest of them were stored in special repositories located in remote mountains far from the capital, in order to avoid possible damages in a disaster. Although only four copies were made in the beginning, when three sets out of four were incinerated during the war with the Japanese in the 1590s, Joseon began to make five copies to prevent the same problem.

The Veritable Records of the Joseon Dynasty features a most magnificent scale, as it is a record of all the events that occurred over 472 years, from the reign of King Taejo to the reign of the 25th King Cheoljong (1392~1863). It consists of 1,893 volumes and 888 books (total of 64 million Chinese characters).

The Veritable Records of Joseon was allowed to be read in only special occasions. But if it was so, why did they put such a tremendous amount of effort into recording their own history? And why would such efforts have continued throughout the history of Joseon? The people of Joseon must have thought it was very important to live a life that would not be shameful to their own descendants.

Source: A Korean History for International Readers, Humanist, 2010.

세계기록유산, 《조선왕조실록》

《조선왕조실록》이란?

《조선왕조실록》은 국보 제151호이자 유네스코 세계기록유산(1997년 지정)으로 조선 건국에서부터 철종까지 472년간을 편년체로 서술한 역사 기록물이다. 총 1,893권, 888책이며, 한글로 번역할 경우 300여 쪽의 단행본 400권을 훌쩍 넘는 분량이다. 철종 이후의 기록인 《고종실록》과 《순종실록》도 있으나 이것은 일본의 지배하에 편찬된 터라 통상 《조선왕조실록》으로 분류하지 않는다. 《단종실록》, 《연산군일기》, 《선조실록》, 《철종실록》처럼 기록이 부실한 경우도 있는데 정변이나 전쟁, 세도정치라는 시대 상황이 낳은 결과이다. 또한 《선조수정실록》, 《현종개수실록》, 《숙종실록보궐정오》, 《경종수정실록》처럼 뒷날에 집권한 당파의 요구에 의해 새로 편찬된 경우도 있다. 하지만 원본인 《선조실록》, 《현종실록》, 《숙종실록》, 《경종실록》을 폐기하지 않고 함께 보존함으로써 당대를 더욱 정확히 알게 해준다. 이렇듯 《조선왕조실록》은 그 기록의 풍부함과 엄정함에 더해 놀라운 기록 보존 정신까지 보여주는 우리 선조들의 위대한 유산이다.

《조선왕조실록》은 어떻게 기록되었나?

조선은 왕이 사관이 없는 자리에서 관리를 만나는 것을 엄격히 금지했다. 또한 왕은 원칙적으로 사관의 기록(사초)을 볼 수 없었다. 신하들도 마찬가지여서 실록청 담당관을 제외하고는 누구도 볼 수 없었다. 그래서 사관들은 왕이나 권력자의 눈치를 보지 않고 보고 들은 일들을 있는 그대로 기록할 수 있었다. 왕이 죽으면 실록청이 만들어지고 모든 사관의 사초가 제출된다. 여기에 여타 관청의 기록까지 참조하여 실록이 편찬된다. 해당 실록이 완성되고 나면 사초는 모두 물에 씻겨졌다(세초). 이렇게 만들어진 실록은 여러 곳의 사고에 나누어 보관되는데, 이 또한 후대 왕은 물론 신하들도 열람할 수 없도록 했다. 선대의 왕들에 대한 기록이나 평가로 인해 필화 사건이 생기지 않도록 한 것이다. 이 같은 원칙들이 철저히 지켜졌기에 《조선왕조실록》이 오늘날까지 존재할 수 있었다.

도움을 받은 책들

《국역 조선왕조실록 CD-ROM》, 서울시스템주식회사, 1995.
강재언,《선비의 나라 한국 유학 2천 년》, 한길사, 2003.
김경수,《'언론'이 조선왕조 500년을 일구었다》, 가람기획, 2000.
김문식 · 김정호,《조선의 왕세자 교육》, 김영사, 2003.
김호,《조선과학인물열전》, 휴머니스트, 2003.
김희영,《이야기 중국사》3, 청아출판사, 1986.
남문현 · 손욱,《전통 속의 첨단공학기술》, 김영사, 2002.
박영규,《세종대왕과 그의 인재들》, 들녘, 2002.
박영규,《조선의 왕실과 외척》, 김영사, 2003.
박영규,《한 권으로 읽는 조선왕조실록》, 들녘, 1996.
신명호,《조선의 왕》, 가람기획, 1998.
윤정란,《조선의 왕비》, 차림, 1999.
이덕일,《사화로 보는 조선 역사》, 석필, 1998.
이덕일,《살아있는 한국사》2, 휴머니스트, 2003.
이상협,《조선전기 북방사민 연구》, 경인문화사, 2001.
이성무,《조선왕조사》1, 동방미디어, 1998.
이이화,《이야기 인물 한국사》5, 한길사, 1993.
이이화,《이이화의 한국사 이야기》9, 한길사, 2000.
이한우,《세종, 그가 바로 조선이다》, 동방미디어, 2003.
임용한,《조선 국왕 이야기》, 혜안, 1998.
장영훈,《왕릉풍수와 조선의 역사》, 대원미디어, 2000.
최범서,《야사로 보는 조선의 역사》1, 가람기획, 2003.
한국고문서학회,《조선시대 생활사》, 역사비평사, 1996.
한국생활사박물관 편찬위원회,《한국생활사박물관》9, 사계절, 2003.

박시백의 조선왕조실록 4 세종·문종실록

1판 1쇄 발행일 2004년 7월 26일
2판 1쇄 발행일 2015년 6월 22일
3판 1쇄 발행일 2021년 3월 15일
4판 1쇄 발행일 2024년 6월 24일
4판 2쇄 발행일 2025년 7월 14일

지은이 박시백

발행인 김학원
발행처 (주)휴머니스트출판그룹
출판등록 제313-2007-000007호(2007년 1월 5일)
주소 (03991) 서울시 마포구 동교로23길 76(연남동)
전화 02-335-4422 **팩스** 02-334-3427
저자·독자 서비스 humanist@humanistbooks.com
홈페이지 www.humanistbooks.com
유튜브 youtube.com/user/humanistma
인스타그램 @humanist_insta

편집주간 황서현 **편집** 최인영 박나영 강창훈 김선경 이영란 **디자인** 김태형 **사진** 권태균 **영문 초록** 김단비
번역 감수 김동택 David Elkins **조판** 프린웍스 **용지** 화인페이퍼 **인쇄** 삼조인쇄 **제본** 정민문화사

ⓒ 박시백, 2024

ISBN 979-11-7087-166-8 07910
ISBN 979-11-7087-162-0 07910(세트)

- 이 책은 저작권법에 따라 보호받는 저작물이므로 무단 전재와 무단 복제를 금합니다.
- 이 책의 전부 또는 일부를 이용하려면 반드시 저자와 (주)휴머니스트출판그룹의 동의를 받아야 합니다.